La Vie ailleurs

La Vie ailleurs

Jessica B. Harris
Queens College, City University of New York

Beverly Pimsleur

Harcourt Brace Jovanovich, Publishers

San Diego   New York   Chicago   Austin   Washington, D.C.
London   Sydney   Tokyo   Toronto

à nos mères et en souvenir de Jesse B. Harris et Paul Pimsleur

ISBN: 0-15-548501-6
Library of Congress Catalog Card Number: 88-80635
Printed in the United States of America

PREFACE

For decades, if not centuries, teaching French has been approached as an extension of the *hexagone*, the mother country. French, however, has what the Senegalese poet–politician Léopold Sédar Senghor calls "an international vocation" that remains unknown to many students of the language. *La Vie ailleurs* is designed to give intermediate and advanced students of French a comprehensive look at the scope of the Francophone experience. Focusing on the French-speaking countries of Europe, Africa, Canada, and the Caribbean, *La Vie ailleurs* offers a view of life in over twenty areas of the modern world. It looks at such things as the monthly budget balancing of a worker in the Cameroon and examines the phenomenon of *La SAPE* in the Congo and in Paris. It provides students with contemporary vocabulary in areas ranging from sociology and history to cuisine.

Brief literary selections allow students to become familiar with the work of authors such as Léopold Sédar Senghor and Birago Diop of Senegal, Gabrielle Roy of Canada, Jacques Brel of Belgium, Aimé Césaire of Martinique, and many others. Authors' biographies enable students to place their work in context; and selections from traditional folklore give students a sense of the universality of Francophone world culture.

The vocabulary has been devised according to G. Gougenheim's *Dictionnaire Fondamental*. Difficult words are featured in the vocabulary lists with single, simple French synonyms. When explanations in French become too ponderous, a brief English translation is used.

Questions have been kept simple in the hope that individual instructors will be inspired to devise their own methods and work on class projects. Unfortunately, as most libraries are limited in their material on these areas of the world, questions have been limited to those that can readily be answered with minimal outside resources. It is strongly suggested that instructors also make use of the techniques of *explication de texte* and of cultural comparisons with students' own environments. The Gazetteer information is provided for basic facts, but again it is recommended that the instructor and students work together on a *mise-en-scène* of the area or areas to be discussed. (The gazetteer information comes from the Air France *Atlas Economique Mondial*, 1985.)

While complete in itself, *La Vie ailleurs* can also be used as a departure point for courses in French civilization outside of the *hexagone*. A brief listing of literary selections, magazines, and other resources appears at the end of the book and can serve as an introduction to this varied world.

Whether used as a primary text, as a supplementary text, or as background material, *La Vie ailleurs* is a first step into an exploration of life as lived in much of the French-speaking world. A logical continuation of *C'est la vie*, it gives students and instructors an awareness of *La Vie ailleurs*.

Of the many people who contributed material to *La Vie ailleurs*, we would especially like to thank Anne Dobbs of Queens College, City University of New York; Catherine Temerson of Ubu Repertory; Joe Petrocik and Myron Clement of the Clement-Petrocik Company; Youssou Diagne and Charles Librader of Air Afrique; Michele Marcelin of the Haiti National Tourist Office; Lanie Goodman of Baruch College, City University of New York; Myrna Delson-Karan of Syracuse University; and to John Klee of Foothill College; Elisabeth Lecte, Théodora Komaclo, Aimée Grimaud, Léonie Houemavo, Catherine Grossenbacher, Brigitte Rinaldi, Julie Pimsleur, and Jean-Claude Libourel de Merry; and to Mary Irwin for the typing of the manuscript; and our editor, Ron Harris. We would also like to thank Albert Richards, Lesley Lenox, Maggie Porter, Martha Gilman, Martha Berlin, and Jon Preimesberger of Harcourt Brace Jovanovich.

Jessica B. Harris

Beverly Pimsleur

CONTENTS

PART 2   L'AFRIQUE

---

*texte simple

**texte moyen

***texte difficile

La Vie ailleurs

Part 1
L'Europe

GRANDE-BRETAGNE

ALLEMAGNE

BELGIQUE

LUXEMBOURG

MANCHE

• Paris

OCÉAN
ATLANTIQUE

FRANCE

SUISSE

ITALIE

MONACO

ESPAGNE

MER MÉDITERRANÉE

LA BELGIQUE

Population : 9.860.000
Superficie : 30.513 km^2
Capitale : Bruxelles
Langues parlées : Français, Flamand

BRUXELLES EN DEUX MOTS

Bruxelles signifie «Maison des marais[1]» et doit sa naissance, il y a environ mille ans, à la présence d'un lieu fortifié, d'une rivière navigable (aujourd'hui voûtée[2]) et d'une route reliant la Flandre à l'Allemagne. Soumise tour à tour aux ducs de Brabant et de Bourgogne, aux gouverneurs espagnols, autrichiens, français, hollandais et allemands, Bruxelles possède une histoire trop mouvementée pour être résumée en quelques lignes.

Adaptation d'un article de Brussels

VOCABULAIRE

1. **marais** = *swamp*
2. **voûtée** = *vaulted, arched*

LA LEGENDE DE LADY GODIVA

Au XIème siècle, la ville de Coventry était accablée par les impôts que lui imposait le Comte Léofric de Chester. Sa femme, la belle et vertueuse Lady Godiva, implora son époux afin de libérer le peuple d'une aussi lourde charge. Léofric y consentit, à condition qu'elle se promenât nue, à cheval à travers la ville. Ce qu'elle fît, vêtue seulement de sa longue chevelure[1] blonde. Les habitants s'enfermèrent chez eux pour témoigner de leur respect et de leur reconnaissance à Lady Godiva.

Le dévouement de Lady Godiva entra vite dans la légende.

Aujourd'hui, les chocolats qui portent son nom sont dans la meilleure tradition des maîtres chocolatiers de Belgique.

D'après les dépliants du chocolatier Godiva

VOCABULAIRE

1. chevelure *(f.)* = *head of hair*

LA FAMEUSE DENTELLE[1] DE BRUXELLES

La dentelle a été inventé en Italie, mais l'invention italienne n'était qu'une dentelle travaillée à partir d'un seul fil.

Les Belges se sont reclamés de[2] l'invention de la dentelle par bobines[3], utilisant jusqu'à 22 fils pour un tissu très leger.

Au cours du 16ème siècle, selon l'histoire, une jeune flamande était assise sous un arbre en train de coudre lorsqu'une araignée[4] est tombée sur ses genoux. La jeune fille a tenté de copier le tissage[5] de l'araignée, mais son fil s'est emmêlé.

Son ami lui a taillé[6] des bobines de bois. Sur un coussin, avec des aiguilles, elle a dessiné un modèle, puis, utilisant les bobines pour enrouler et écarter les fils, elle a inventé la fameuse dentelle, dite «Point de Bruxelles».

La dentelle a connu immédiatement un grand succès. Les gens riches ont alors utilisé la dentelle pour broder[7] leur sous-vêtements[8], que étaient,

au Moyen-Age, un produit de luxe. Comme ils voulaient que chacun sache qu'ils en portaient, ils laissaient apercevoir de la dentelle autour du cou et des poignets.

Au 17ème et 18ème siècle, le vêtement des nobles a exigé une grande quantité de dentelle, tant pour homme que pour femme, depuis les manches, le cou jusqu'aux chapeaux. Tout homme respectable ne sortait pas en public sans pompon de dentelle à ses chaussures. Plus d'un grand aristocrate s'est ruiné, dit-on, pour quelques mètres de precieuse dentelle.

Hélas, ce ne sont pas les dentellières qui se sont enrichies. Elles n'é-taient que des ouvrières, beaucoup commençant à 8 ou 9 ans, qui faisaient la dentelle à domicile pendant la soirée. La plupart, dit-on, devenaient presque aveugles avant d'avoir 30 ans. Elles travaillaient en suivant le mod-èle qui leur était donné.

Tandis que l'une faisait une dentelle de 2 cm[9], représentant une min-iscule rose et un panier, une autre élaborait une petite couronne ou bien un portrait de la reine encadré[10] de deux soldats. Ensuite les différentes pièces étaient reliées entre elles pour former une seule dentelle.

Il est toujours possible de trouver à Bruxelles de la dentelle faite à la main, mais elle n'a plus l'exquis détail d'autrefois—à moins que vous

n'ayez la chance de découvrir une pièce de dentelle ancienne, du 18ème ou 17ème siècle, chez un des antiquaires de la Grand' Place.

Traduction d'un article de T.W.A. Ambassador

VOCABULAIRE

1.	**dentelle** *(f.)*	=	tissu léger fait avec du fil
2.	**se reclamer de**	=	(ici) *to be noted for*
3.	**bobines** *(f.)*	=	petit cylindre de bois, pour enrouler du fil
4.	**araignée** *(f.)*	=	*spider*
5.	**tissage** *(m.)*	=	action d'entrelacer les fils
6.	**tailler**	=	*carve*
7.	**broder**	=	faire des dessins en relief sur un tissu
8.	**sous-vêtement** *(m.)*	=	vêtement de dessous
9.	**2 cm**	=	*2/3 of an inch*
10.	**encadré**	=	entouré

HOMMAGE À JACQUES BREL

«Mourir face au cancer par arrêt de l'arbitre[1].» C'est un des vers de «Vieillir», l'une des chansons enregistrées par Jacques Brel. L'arbitre a jeté l'éponge. Le grand Jacques a cessé le combat. A 49 ans.

«Que personne ne parle de moi après ma mort», c'était son souhait. On ne l'a pas respecté. Tout le monde s'est cru obligé de lui donner du poète[2], lui qui disait: «Je nie la notion d'arriviste[3], je tolère celle d'artisan.» Mais il survivra aussi aux hommages qu'on lui rend.

Que faire? Pour dire la peine qu'il soit parti, et le bonheur qu'il soit venu, pour évoquer ce baladin[4] intransigeant[5] jamais content, avec son sourire d'ogre que démentait[6] le regard d'une assez intolérable lucidité. Il n'a jamais parlé que de lui, sa belgitude[7], sa solitude, la flamboyante grisaille[8] du quotidien, la bêtise[9] qui fait déraper[10] la passion, il n'a jamais parlé que

de lui, et, pourtant, il a parlé au plus grand nombre. C'est quoi ça? Le talent? Non, c'est autre chose, de mieux, de plus rare, d'indicible[11]. Comment dire? D'abord, ne pas se souvenir de lui à l'imparfait. Se rappeler sa présence. Au présent.

Brel a toujours voulu que déraille[12] le train-train[13] de sa vie. Bon jeune homme, en 1953, il abandonne brutalement la codirection de la fabrique de carton familiale. Il «descend» à Paris. Il passe des auditions, un cabaret lui permet de chanter, s'il a fait la plonge[14] avant. Lors de son premier passage aux Trois Baudets, il peut lire: «Quant à M. Brel, nous lui signalons qu'il y a de très bons trains pour retourner en Belgique.» Il ne reprend pas le train...

On commence à l'écouter. Beaucoup plus tard, en 1966, ils ouvrent un dialogue radiophonique[15] sur Europe 1. Brel dit, ce jour-là: «Si j'avais une mitrailleuse[16], je tuerais le music-hall. C'est con[17], c'est pourri. C'est con comme la mort, comme un chien, comme une valise sans poignée.»

Il est sincère. Il sait de quoi il parle. C'est un interminable corps à corps[18] avec le succès. Il chante trois cent soixante-deux fois l'an, à s'en défoncer[19] «le cœur et le pur espirit». Chaque soir avant d'entrer en scène, il vomit, de fatigue et d'angoisse. Lyrisme, baroquisme, expressionnisme, exhibitionnisme, c'est Brel poursuivant sa confession d'un Flamand du siècle en près de deux cents chansons qui ne nous quitteront pas: «Quand on n'a que l'amour», «Ces gens-là», «Jeff», «Le Plat Pays», «Amsterdam»...

Il s'arrête. Brel fier déserteur «ne veut pas devenir un vieux chanteur». En 1968, cependant, il remonte sur scène pour jouer Don Quichotte dans «L'Homme de la Mancha», la comédie musicale américaine qu'il a adaptée et totalement «brélisée»: «Rêver un impossible rêve, porter le chagrin des départs...» Emacié, consommé par la fièvre de convaincre, il triomphe. Triomphe qui le laisse amaigri, affaibli, déjà malade, dit-on.

Car, lui, ne dit rien. Farouchement pudique, il voudrait que sa vie ne regarde plus que lui. Est-ce possible? Dans la loge des adieux à l'Olympia[20] 66, Jacques Brel a placé un sextant. Il va apprendre d'abord à piloter. Puis à naviguer.

En attendant de tout à fait larguer les amarres[21], il se prête au cinéma. Il interprète huit films («Les Risques du métier», «Mon oncle Benjamin», «La Bande à Bonnot», «L'Emmerdeur»...). Il en réalise deux, comme on réalise un rêve de gosse[22]: «Franz», dit-il, n'a pas gagné d'argent; «Far West» en a perdu. «Ces échecs m'ont fait mal, comme une mauvaise grippe.»

En 1972, l'Amérique l'invite à célébrer le cinquième anniversaire du spectacle qui lui est consacré: «Jacques Brel est vivant, heureux, et il habite Paris.» Cinq troupes qui ont fait tourner le show à travers les Etats Unis se sont pour l'occasion rassemblées, vingt jeunes gens entonnent en chœur: «In the port of Amsterdam...»

1974. Il passe par Nice. Si la camarde[23] lui fait des avances, on n'en sait toujours rien. A la question: «Où habites-tu désormais?» il répond: «Dans ma valise, bien sûr.»

1977. Il a levé l'ancre, vers les îles. A jamais? Non, il revient, en se cachant, livrer son dernier ouvrage comme un bon artisan. Il enregistre dix-neuf titres, douze seulement sont publiés. Un million de disques vendus.

La mort est là, au creux de chaque plage. Mais a-t-elle souvent quitté le chevet[24] de son œuvre? Déjà, dans «J'arrive»: «De chrysanthèmes en chrysanthèmes, nos amitiés sont en partance[25]...» Ou, encore, «Le Dernier Repas»: ...«Et je ne garderai pour habiller mon âme que l'idée d'un rosier[26] et qu'un prénom de femme.» Ou encore: «La mort m'attend comme une vieille fille, au rendez-vous de la faucille[27].»

L'heure du rendez-vous est proche. Ecoutons, c'est presque un cri: «Mourir, la belle affaire... Mais vieillir. Ah...» Aussitôt il s'est repris: «Veux-tu que je te dise, gémir n'est pas de mise aux Marquises.»

C'est fini. Jacques Brel s'est battu contre la maladie pendant une longue nuit pleine de soleil qui a duré dix ans. Et puis, au matin du 9 octobre, le cancer l'a mangé.

Adaptation d'un article de L'Express

VOCABULAIRE

1.	**arbitre** *(m.)*	=	umpire, referee
2.	**donner du poète**	=	écrire des poèmes
3.	**arriviste** *(m.)*	=	personne ambitieuse
4.	**baladin** *(m.)*	=	personne bouffonne
5.	**intransigeant**	=	qui ne fait aucune concession
6.	**démentir**	=	contredire
7.	**belgitude** *(f.)*	=	l'état d'être belge
8.	**grisaille** *(f.)*	=	*(ici)* monotonie
9.	**bêtise** *(f.)*	=	*stupidity*
10.	**déraper**	=	se détacher, glisser de côté
11.	**indicible**	=	qu'on ne peut pas exprimer
12.	**dérailler**	=	sortir des rails
13.	**train-train** *(m.)*	=	routine, répetition monotone
14.	**faire la plonge**	=	*wash dishes*
15.	**radiophonique**	=	à la radio
16.	**mitrailleuse** *(f.)*	=	*machine gun*
17.	**c'est con**	=	*(vulg.)* c'est bête
18.	**corps à corps**	=	*hand to hand combat*
19.	**se défoncer**	=	*(ici)* se casser
20.	**l'Olympia**	=	théâtre parisien

21.	larguer les amarres	=	*to cast off*
22.	gosse *(m., f.)*	=	*(argot)* enfant
23.	camarde *(f.)*	=	mort
24.	chevet *(m.)*	=	tête de lit
25.	en partance	=	dernier instant avant le départ
26.	rosier *(m.)*	=	petit arbre portant les roses
27.	faucille *(f.)*	=	*sickle*

LE DERNIER REPAS

Jacques Brel

A mon dernier repas
Je veux voir mes frères
Et mes chiens et mes chats
Et le bord de la mer
A mon dernier repas
Je veux voir mes voisins
Et puis quelques chinois
En guise de[1] cousins
Et je veux qu'on y boive
En plus du vin de messe[2]
De ce vin si joli
Qu'on buvait en Arbois
Je veux qu'on y dévore
Après quelques soutanes[3]
Une poule faisane[4]
Venue du Périgord
Puis je veux qu'on m'emmène
En haut de ma colline
Voir les arbres dormir
En refermant leurs bras
Et puis je veux encore
Lancer des pierres au ciel
En criant Dieu est mort
Une dernière fois
A mon dernier repas
Je veux voir mon âne
Mes poules et mes oies[5]
Mes vaches et mes femmes

Après mon dernier repas
Je veux que l'on s'en aille
Qu'on finisse ripaille[6]
Ailleurs que sous mon toit
Après mon dernier repas

Je veux que l'on m'installe
Assis seul comme un roi
Accueillant ses vestales[7]
Dans ma pipe je brûlerai
Mes souvenirs d'enfance
Mes rêves inachevés
Mes restes d'espérances
Et je ne garderai
Pour habiller mon âme
Que l'idée d'un rosier[8]
Et qu'un prénom de femme
Puis je regarderai
Le haut de ma colline
Qui danse qui se devine
Qui finit par sombrer
Et dans l'odeur des fleurs
Qui bientôt s'éteindra
Je sais que j'aurai peur
Une dernière fois.

Adaptation de Jacques Brel

VOCABULAIRE

1. **en guise de** = en manière de
2. **vin de messe** = *sacramental wine*
3. **soutane** = *(ici)* prêtre
4. **faisan(e) *(m., f.)*** = *pheasant*
5. **oie *(f.)*** = *goose*
6. **ripaille** = *(fam.)* repas où on mange beaucoup et bien
7. **vestale *(f.)*** = *(fig. et littér.)* femme d'une parfaite chasteté
8. **rosier *(m.)*** = petit arbre portant les roses

FONDATION BREL

Avec le romancier Georges Simenon, le cycliste Eddy Merckx, le dessinateur Hergé (l'auteur de «Tintin»), le coureur automobile Jacky Ickx, le peintre Magritte, Jacques Brel est sans doute un des plus célèbres Belges du XXème siècle. Créant, en 1981, la Fondation Internationale Jacques Brel, France, la deuxième fille du chanteur, voulait en faire «un lieu de rencontre pour ceux qui aiment mon père».

Sans devenir un musée ou un fan club, la Fondation veut présenter l'œuvre de Jacques Brel. Comme l'artiste dont elle porte le nom, la Fondation Internationale Jacques Brel souhaite «rester en mouvement».

D'après les dépliants de la Fondation Brel

Exercices

1. Suivant le modèle de Jacques Brel, qu'aimeriez-vous servir à votre dernier repas?

2. *Débat:* Les produits vs. la santé. Est-ce que les produits tels que la dentelle et même le charbon méritent la perte de santé des ouvriers?

3. Ecrivez la légende de Lady Godiva en form d'une scène de théâtre. Jouez-la en classe.

LE LUXEMBOURG

2

Population : 370.000
Superficie : 2.587 km^2
Capitale : Luxembourg
Langues parlées : Français, Allemand

EUROPE MADE IN LUXEMBOURG

Les étrangers qui y regardent autour d'eux libres de tous préjugés[1] en perçoivent[2] immédiatement la particularité. L'Allemand trouve le caractère français trop fortement accentué à son goût, le Français le caractère allemand, le Belge les deux. Tous les trois sont étroitement imbus[3] de leurs accoutumances[4] nationales. Le colonel anglais, qui, comme tant d'Anglais, était déjà chez lui partout dans le monde, devine notre vraie nature. Vous avez, dit-il, une pointe à la fois du Français, du Belge et de l'Allemand, mais il en naît un quatrième élément qui, à son tour, a sa raison d'être et ses charmes en tant qu'individualité. [Batty Weber, 1925]

Le passé oblige, dit-on. Ce propos est particulièrement pertinent pour la capitale du Grand-Duché. En mille ans d'histoire, la ville de Luxembourg est devenue le point de rencontre des cultures française et germanique. Cette position géographique explique les dons[5] linguistiques, si appréciés, et l'ouverture au monde de ses habitants.

Ces prémisses[6] ne purent que profiter à ce petit pays qui a toujours été associé aux efforts d'intégration européenne et dont le rôle est hors de toute proportion avec les dimensions de son territoire.

Luxembourg a fini par devenir un lieu de rencontres internationales et peut s'enorgueillir[7] d'une longue et riche expérience au service de l'intégration européenne. Des générations entières de Luxembourgeois ont participé tant au Luxembourg qu'à l'étranger, á l'édification d'une Europe unie—non pas que leur travail eût été destiné aux manchettes[8] des journaux, mais dans l'esprit du «courtier honnête», comme le rôle du Luxembourg est souvent défini. Rôle assimilé par le Luxembourg grâce à sa compréhension d'autres civilisations et peuples, acquise au cours de son histoire.

L'histoire européenne a une longue tradition à Luxembourg. A bien des égards, on peut dire que le berceau de l'Europe se trouvait au Luxembourg. Ce n'est pas là une simple allusion au fait que Robert Schuman, pionnier[9] de l'Europe et ancien premier ministre français, était natif de Luxembourg.

Mais les jeunes années que Robert Schuman passa dans cette ville contribuèrent sans doute à lui faire reconnaître plus tard la nécessité d'une réconciliation franco-allemande et à promouvoir[10] celle-ci grâce à la première Communauté Européenne, la Communauté Européenne du Charbon et de l'Acier (CECA).

Dès 1952, la capitale du Grand-Duché fut choisie première capitale européenne avec tous les organes importants de la CECA.

Depuis lors, le pays multiplie les efforts au service de l'idée et de la construction européennes. Et dans ce cadre se développe depuis plusieurs années, sur le plateau de Kirchberg tout spécialement réservé à cette fin, une ville européenne qui est constamment adaptée aux besoins des institutions européennes.

D'après les dépliants touristiques de Luxembourg

VOCABULAIRE

1.	**préjugé** *(m.)*	=	jugement, favorable ou défavorable, porté par avance
2.	**percevoir**	=	*(fig.)* saisir par le sens
3.	**imbu**	=	rempli
4.	**accoutumance** *(f.)*	=	habitude prise
5.	**don** *(m.)*	=	*(fig.)* aptitude à une chose
6.	**prémisse** *(f.)*	=	*premise*
7.	**enorgueillir**	=	rendre orgueilleux
8.	**manchette** *(f.)*	=	*headline*
9.	**pionnier** *(m.)*	=	*(fig.)* personne qui prépare les voies
10.	**promouvoir**	=	mettre à exécution; mettre en mouvement

LES LUXEMBOURGEOIS PAR EUX-MÊMES

Un beau jour au dix-neuvième siècle, le 14 avril 1839 plus précisément, environ 150.000 habitants d'un grand-duché se trouvent être citoyens libres et maîtres d'une surface s'élevant, après triple amputation territoriale, à 2.587 km². Un seul lien[1] les unit: leur relative pauvreté et leur idiome national, le luxembourgeois, dont les érudits[2] parlent encore aujourd'hui, suivant les critères choisis et leur humeur du moment, comme patois local, dialecte mosellan[3], dialecte de culture ou de langue luxembourgeoise.

Ce sera ce dialecte, cependant, qui à travers les brumes d'une nationalité naissante aidera ces hommes à formuler leurs vagues aspirations vers l'indépendance et leur quête[4] d'une identité. Il sera leur seul signe de ralliement, articulant leur vie tantôt dans un climat de pessimisme mélancolique, tantôt dans une joie de vivre brueghélienne[5]. Bientôt une figure de proue[6] se dessine: l'artistocrate Edmond de la Fontaine, qui prend le pseudonyme de Dicks et descend dans l'arène de l'amusement pour écrire dès l'âge de 17 ans ses premières pièces de théâtre et sa gentille fable du *Wëllefchen an de Fiisschen* («Le loup et le renard»). Il sera suivi par Michel Lentz, le glorificateur pathétique et solennel de la jeune patrie, qui va faire cadeau à la nation du texte de son hymne national.

Le plus grand parmi eux va apparaître vers 1870: Michel Rodange, le moralisateur[7] et fabuliste[8], qui va sublimer tous les déboires[9] d'une existence dure et ingrate dans son chef d'oeuvre épique, célébrant le «Rénart», un renard bien luxembourgeois, aux aspirations révolutionnaires certes, mais tempérées par la modération et le bon sens de la petite famille luxembourgeoise. Deux veines d'inspiration parallèles et complémentaires vont se poursuivre au vingtième siècle. D'un côté la veine comique, la satire ou le persiflage[10] humoristique, d'un autre côté la veine lyrique, contemplative et mélancolique. Jamais ce ne seront les grands envols philosophiques ou poétiques ou la magie incantatoire[11] des plus beaux textes de nos grandes littératures voisines. Nos honnêtes artisans de la poésie se limiteront en rase-mottes[12] qui ne quittera guère le contexte familier du foyer[13] et l'enclos[14] du village, bref, qui ne s'aventurera pas en dehors des gros sentiers battus par le bon sens et le réalisme de la vie campagnarde.

Aux hommes de gauche la poésie lyrique est depuis toujours apparue comme le genre le plus réactionnaire, parce qu'ici le dialecte semble jouer son rôle le plus conservateur, qui consiste à bannir toute critique sociale ou politique sérieuse et à glorifier aveuglément les traditions et réflexes d'antan[15]. Un fait typique vient renforcer cette méfiance[16] et semble la justifier. En effet, la plupart des auteurs qui s'expriment en luxembourgeois ont dépassé la quarantaine et se replient[17] entièrement sur le passé. Cependant, ce phénomène de la sénescence[18] de notre littérature dialectale s'oppose curieusement à certaines tendances constatées à l'étranger où le dialecte en tant que moyen d'expression d'une minorité tend à assumer un rôle combatif et révolutionnaire, opposé au rôle centralisateur et uniformisateur de la langue officielle d'un pays. Il est d'ailleurs normal qu'avec l'importance croissante[19] de certaines minorités agissantes[20], l'importance du dialecte en tant que code secret et en tant que symbole de ralliement et d'opposition face au pouvoir centralisé aille s'accroissant. Sans parler des Basques et des Bretons on peut se demander si ce phénomène ne joue pas aujourd'hui dans les régions d'Arlon ou de Thionville (comme il a joué au Grand-Duché, immédiatement après la deuxième guerre mondiale, où le dialecte s'est distancé de la langue allemande comme élément de résistance). Et pourquoi le dialecte ne pourrait-il pas jouer, surtout aux moments de crise, son rôle naturel de défense contre les artifices d'une haute bourgeoisie francophile, contre une germanisation trop poussée des couches populaires ou contre le jargon d'un gouvernement trop technocratique[21]?

Notes sur la Traduction

Jusqu'ici le problème s'est seulement posé dans le sens: langue étrangère—patois, à l'occasion de l'adaptation d'un texte étranger en idiome national, visant à rendre accessible à des lecteurs luxembourgeois, petits ou grands, des trésors inconnus d'une littérature lointaine. Il en était ainsi des efforts de Robert Bruch de raconter à ses compatriotes les impressions mosellanes du poète latin Ausone. Il en fut ainsi dans le règne des fables et contes d'enfants pour faire entrer les enfants luxembourgeois dans le grand monde merveilleux des meilleurs fabulistes étrangers, pour leur faire partager les richesses de la verve d'un La Fontaine, par example. Tâche à laquelle se sont attelés successivement Michel Lentz avec *De Fräsch an den Ox* («La grenouille et le bœuf»), Dicks avec *De Wëllefchen an de Fiisschen* («Le loup et le renard») et Lex Roth avec ses *Faablen op lëtzebuergesch verzielt* («Fables racontées en luxembourgeois»). Un autre pas mémorable fut franchi par Alain Atten qui, par se transposition de certains textes saints en luxembourgeois, essayait d'acclimater[22] dans nos terres ingrates les grands événements de l'évangile.

   Traduttori, traditori dissent les Italiens. Bien sûr, le traducteur restera toujours un traître, mais mon propos ici n'est point de recréer[23] en langue française ou anglaise une construction littéraire d'une allure hautement poétique et d'une prosodie[24] exemplaire. J'essaierai plutôt d'épouser le plus près possible le texte luxembourgeois, de cerner[25] sa lourde syntaxe de phrases coordonnées[26] presque dans un mot à mot pour faciliter au lecteur non-luxembourgeois l'apprentissage de la langue. Je ne m'écarterai de l'original que dans les cas où lui rester fidèle signifierait vraiment trop faire violence au génie propre de la langue de traduction.

   Si ma traduction ne rend pas toujours le «mot à mot», elle reproduit au moins «le vers par vers», dans une sorte de «trot-version» comme l'on dit dans l'argot scolaire anglais.

   A l'occasion, évidemment, je n'ai pas pu ou su résister à telle rime alléchante[27] en français ou en anglais et en ces endroits là je devrais donc m'arbiter derrière le précepte adopté par Dryden: *Translating with latitudes*. N'écrivait-il pas dans la préface de sa traduction de Virgile: «*I thought fit to steer betwixt the two extremes of paraphrase and literal translation.*»

Adaptation des Luxembourgeois par eux-mêmes

VOCABULAIRE

1.	**lien** *(m.)*	=	tout ce qui attache, unit
2.	**érudit** *(m.)*	=	*scholarly person*
3.	**mosellan**	=	de la région de la Moselle
4.	**quête** *(f.)*	=	action de demander

5.	brueghelien	=	comme dans l'art du peintre flamand, Pierre Bruegel (1530–1569)
6.	**figure de proue** *(f.)*	=	*ship's figurehead; (fig.) key figure*
7.	**moralisateur** *(m.)*	=	*moralizer*
8.	**fabuliste** *(m.)*	=	auteur qui compose des fables
9.	**déboire** *(m.)*	=	déception, désagrément
10.	**persiflage** *(m.)*	=	action qui se moque de quelqu'un
11.	**incantatoire**	=	*incantatory*
12.	**rase-motte** *(m.)*	=	*hedge-hopping*
13.	**foyer** *(m.)*	=	séjour domestique, *hearth*
14.	**enclos** *(m.)*	=	petit domaine
15.	**antan**	=	*(fig.)* autrefois
16.	**méfiance** *(f.)*	=	*distrust, mistrust*
17.	**se replier**	=	réfléchir
18.	**sénescence** *(f.)*	=	vieillissement
19.	**croissant**	=	qui s'augmente
20.	**agissant**	=	actif, efficace
21.	**technocratique**	=	*technocratic*
22.	**acclimater**	=	*(fig.)* introduire
23.	**recréer**	=	créer de nouveau
24.	**prosodie** *(f.)*	=	*prosody*
25.	**cerner**	=	entourer
26.	**coordonner**	=	*coordinate, arrange*
27.	**alléchant**	=	appétissant

CE QUE RODANGE PENSE DES HOMMES POLITIQUES

Remarque Préliminaire

Dans mainte[1] strophe[2] de son Renert
Rodange fustige[3] violemment la corruption des
manœuvres électorales. Le cens[4] électoral, c'est-à-dire
le droit de vote limité, n'existait que pour les
gens fortunés et ignorait chaque citoyen qui ne payait
pas trente francs de taxes annuelles. Ainsi il se pratiquait dans
les villages une vraie chasse aux électeurs. Ici le sarcasme
moqueur de Rodange peut se donner libre cours.

Le champagne coule et le bordeaux,
Il y a des cigares, de la saucisse et du jambon;
Leur offrirait-il même son pantalon
Il n'arriverait pas à étancher[1] leur soif pour de bon.

Dieu le Père ne vit pas mieux
Comme les paysans en ces lieux.
Si le maître sautait au feu:
Ces gars-là feraient de même, sacrebleu[2].

Il y va forger de nouvelles lois—
Il faut baisser le cens, ma foi!
A onze heures encore ses paroles leur bouchent les oreilles
Contre les cloches des chiffonniers[3].

Il projette les plus beaux boulevards,
Le chemin de fer traverse le village là-bas.
Chaque hameau[4] aura sa gare
Même une deuxième pour ceux qui l'ont déjà.

Il abaisse[5] le prix du cuir au marché,
Mais fait monter le prix du tan[6],
Il va ouvrir ou fermer à l'instant
Les frontières, tout à leur gré[7].

Adaptation des Luxembourgeois par eux-mêmes

UNE VIE

Pol Putz

Se lever, se laver, un coup de brosse aux souliers,
beurrer les tartines[1], boire le café,
mettre chapeau et manteau, quitter la maison,
l'autobus, les rues encombrées,
le bureau, le chef, rage et colère,
un tas de travail, peu de salaire,
frotter les manches, haine et envie,
et tous de crier: Pas le temps! Pas le temps!
Jour pour jour et année pour année,
les membres foutus[2] et les cheveux gris,
toujours travailler, trimer[3], turbiner[4]
et entretemps faire des enfants.
Economiser, se rabougrir[5] les ailes,
pour acheter sa maison individuelle,
les dettes qui presque te broient[6],
et des collègues toujours narquois[7].
Un beau jour, d'un seul bond,
beaucoup plus de salaire, un meilleur emploi,

la maison est payée, finis les soucis,
puis l'apoplexie—et tout est fini.

Adaptation des Luxembourgeois par eux-mêmes

VOCABULAIRE

1. **maint** = plus d'un
2. **strophe** *(f.)* = *stanza, verse*
3. **fustiger** = battre à coups de baton, combattre
4. **cens** *(m.)* = census

1. **étancher** = *(fig.)* arrêter
2. **sacrebleu** = *(profane) Confound it!, Damn it!*
3. **chiffonnier** *(m.)* = personne qui ramasse les chiffons
4. **hameau** *(m.)* = petit village
5. **abaisser** = faire descendre
6. **tan** *(m.)* = *tanner's bark*
7. **le gré** = volonté, caprice

1. **tartines** = *slice of bread and butter and jam*
2. **foutu** = *(profane) messed up*
3. **trimer** = *(argot)* se donner beaucoup de peine
4. **turbiner** = *(pop.)* travailler activement
5. **se rabougrir** = *to stunt*
6. **broyer** = pulvériser, réduire en poudre
7. **narquois** = malicieux

Exercices

1. Connaissez-vous d'autres animaux qui sont des symboles politiques?
2. Chaque étudiant de français sache qu'il est difficile de traduire. Mentionnez quelques difficultés de traduction citées de l'auteur des *Luxembourgeois par eux-mêmes*.
3. Essayez d'écrire une description de votre vie quotidienne utilisant "Une Vie" de Pol Putz comme modèle.

LE MONACO

Population : 28.000
Superficie : 1.5 km^2
Capitale : Monte Carlo
Langue parlée : Français

3

HISTOIRE DE MONACO

L'histoire de Monaco ne commence à être vraiment connue qu'à partir du XIIIème siècle. La date du 10 juin 1215 marque, si l'on peut dire, la naissance de la future Principauté[1]: ce jour-là, les Génois[2] qui avaient depuis longtemps mesuré l'importance stratégique du Rocher et apprécié les avantages du port, vinrent y poser la première pierre de la forteresse sur les bases de laquelle s'élève aujourd'hui le Palais Princier. Ils avaient préalablement[3] obtenu de l'Empereur Henri VI la sourveraineté de tout le pays et avaient acquis les terrains nécessaires pour la réalisation de leur projet. La forteresse fut renforcée par des remparts qui formèrent peu à peu une enceinte tout autour du Rocher. Pour y attirer des habitants ils accordèrent aux nouveaux arrivants de précieux avantages: concessions de terres, exemptions de taxes. Monaco devint ainsi malgré l'exiguïté[4] de son territoire assez rapidement une place importante dont la possession devait être l'objet, au cours des trois siècles qui suivirent, de luttes continuelles, de prises et de reprises successives par les représentants des deux partis, les Guelfes et les Gibelins.

Parmi les familles de l'aristocratie génoise appartenant au parti Guelfe, une des plus brillantes était la famille Grimaldi; son ancêtre le plus anciennement connu était un certain Otto Canella dont le fils s'appelait Grimaldo. Ce fut une branche de cette Maison Grimaldi qui devait, après trois siècles de luttes, posséder de façon définitive la souveraineté[5] de Monaco.

En 1296, à la suite d'une de ces querelles de parti, les Guelfes et avec eux les Grimaldi furent expulsés de Gênes et se réfugièrent en Provence. Ils disposaient d'une véritable petite armée qu'ils employèrent contre la forteresse de Monaco.

Le 8 janvier 1297, les Guelfes, conduits par François Grimaldi, dit Malizia, s'emparent de la forteresse: au dire d'un chroniqueur, François Grimaldi aurait pénétré par ruse dans la place sous la robe d'un moine[6] Franciscain. Ce fut la première prise de possession de Monaco par les Grimaldi; le souvenir en est resté marqué dans leur blason dont les tenants représentent deux moines armés d'une épée.

De graves malentendus se produisirent alors avec la commune de Menton; les habitants manifestaient depuis longtemps des sentiments d'indépendance. Le roi de Sardaigne, Charles-Albert, ayant donné une constitution libérale à ses sujets, les Mentonnais en réclamèrent une semblable pour la Principauté. Celle que Florestan leur propose à deux reprises n'eut pas leur approbation; après la Révolution de 1848 en France, la situation s'aggrava. Florestan et Caroline donnèrent tous pouvoirs à leur fils Charles. Mais il était trop tard pour apaiser[7] les esprits: les représentants de la population proclamèrent Menton ville libre. Toutefois, l'annexion au royaume de Sardaigne, malgré les efforts de la Cour de Turin, ne fut pas réalisée; les tentatives de Florestan et, après sa mort, celles de son fils, Charles III, n'aboutirent pas non plus à ramener les Mentonnais. Les troubles continuèrent jusqu'au traité de Turin qui céda à la France, en 1860, le comté de Nice et la Savoie.

Peu après, par le traité du 2 février 1861, Charles III abandonnait à la France ses droits sur Menton et Roquebrune. Ce traité qui accordait au Prince une indemnité de quatre millions pour la perte des deux villes, lui assurait l'indépendance de Monaco sous sa seule autorité.

La Principauté, réduite au vingtième de son territoire, privée des ressources qu'elle tirait de Roquebrune et de Menton, se trouvait, au point de vue économique et financier, dans une situation malaisée[8]. Pour subvenir[9] aux dépenses d'adminstration et aux frais d'entretien de la Cour, il fallait trouver des ressources autres que les impôts dont le taux[10] ne pouvait être augmenté. Après plusieurs tentatives pour accroître l'activité commerciale, Charles III et sa mère, la Princesse Caroline, envisagèrent la création d'une maison de jeux sous le nom de Société des Bains de Mer. Le privilège en fut donné successivement à deux hommes d'affaires qui, pas plus l'un que l'autre, ne surent mener l'entreprise à bonne fin. C'est alors que François Blanc, directeur des Jeux de Hombourg, celui qu'on a appelé le magicien de Monte-Carlo, se fit concéder le privilège pour 50 ans. Sous sa conduite éclairée, l'affaire prit un développement qui dépassa les prévisions les plus optimistes. Situés dans un cadre enchanteur[11], les divers établissements (hôtels, théâtre, Casino) de la Société des Bains de Mer attirèrent dès le début, malgré les difficultés d'accès de la Principauté, une foule touristes.

Les rapports politiques sont définis par le traité du 27 juillet 1918 et par l'article 436 du Traité de Versailles du 18 juin 1919 qui institue entre les deux Etats un régime contractuel bilatéral et réciproque. C'est ainsi qu'en contrepartie[12] de l'engagement de la France de défendre l'indépéndance, la souveraineté de la Principauté et l'intégrité du territoire monégasque[13], le Gouvernement Princier s'engage à exercer ses droits en conformité avec les intérêts français. De nouveaux accords de voisinage[14] ont été signés le 18 mai 1963. La situation géographique de Monaco justifie l'union douanière et monétaire entre les deux Pays, entrée en vigueur[15] dès 1861.

Jusqu'en 1910, la Principauté de Monaco a vécu sous le régime de la monarchie absolue. En 1911, le Prince Albert Ier promulgua[16] la première Constitution, remaniée en 1917, confirmée en 1933 par le Prince Louis II et réformée dans un esprit libéral par S.A.S.* le Prince Rainier II le 17 décembre 1962.

---

*Son Altesse Sérénissime

D'après l'information du gouvernement de Monaco

VOCABULAIRE

1.	**Principauté** *(f.)*	=	*principality*
2.	**Génois** *(m.)*	=	habitant de Gênes *(Genoa)*
3.	**préalablement**	=	auparavant, avant
4.	**exiquïté** *(f.)*	=	petite dimension
5.	**souveraineté** *(f.)*	=	*sovereignty*
6.	**moine** *(m.)*	=	*monk*
7.	**apaiser**	=	calmer
8.	**malaisé**	=	qui n'est pas facile
9.	**subvenir**	=	venir au secours de
10.	**taux** *(m.)*	=	*the number, the rate*
11.	**enchanteur**	=	*enchanting*
12.	**contrepartie** *(f.)*	=	opinion contraire
13.	**Monégasque**	=	habitant de Monaco
14.	**voisinage** *(m.)*	=	ensemble des voisins
15.	**entrer en vigueur**	=	être en application
16.	**promulger**	=	*(ici)* créer

LA VILLE DONT LA PRINCESSE ÉTAIT UNE FEMME

Le 12 avril 1956, arrivait en rade de Monaco le paquebot américain «Constitution»; à son bord Mademoiselle Grace Patricia Kelly, 26 ans, Américaine née à Philadelphie, lauréate[1] de l'Académie d'art dramatique de New York. Rayonnante[2] de bonheur, tremblante d'émotion à l'idée du suspense pour lequel Hitchcock ne pouvait plus rien: celui du peuple monégasque qui allait reconnaître en cette héritière[3] d'une vieille famille irlandaise: la

princesse. Le fiancé souriant dirigeait lui-même la manœuvre de son yacht le «Deo Juvante» là même où «l'Hirondelle», le yacht de S.A.S. le Prince Albert Ier avait scellé[4] le destin maritime de la Principauté[5]. S.A.S. le Prince Rainier III de Monaco accueillait celle qui allait faire battre le cœur des Monégasques et rêver le monde entier jusqu'à ce triste matin de septembre où elle les ferait pleurer.

A Monaco, plus rien ne sera jamais plus pareil.

Quel sociologue, en mal d'explication de son siècle, pourrait bien nous révéler pourquoi, fuyant le tumulte de l'époque, des foules émerveillées se retrouvent chaque jour que Dieu offre à l'une des dernières principautés qui ose se dire chrétienne, sur la place de ce Palais dont les hôtes princiers ne cessent de ravir[6] aux grands, «la une» des gazettes mondiales? Aucun. Car Monaco est un rêve. Marcel Pagnol y avait découvert que «l'autorité d'un seul préserve la liberté de tous». C'était un rêve... dans un monde qui ne rêve plus, et si tous les magazines du monde s'éclairent d'un sourire, d'une émotion à chaque événement qui touche la famille princière, c'est bien parce que le bonheur désertant la terre, Monaco en garde précieusement quelques morceaux. Ces morceaux de bonheur Monaco les doit en grande partie à la princesse disparue tragiquement et dont l'absence sera difficile à vivre. Ce couple princier qui fêtait ses 25 ans de mariage... c'est avec le recul[7] du temps, l'image d'un prince romantique qui invite une star de ce septième art qui croyait encore à l'époque au rêve, à partager son aventure. C'est l'union de deux rêves dans la féerie[8] sans laquelle il ne saurait y avoir de bonheur.

«Un peuple, écrit Jean Giraudoux, n'a pas de vie réelle, grande que s'il a une vie irréelle puissante...»

Le mérite des Grimaldi n'est-il pas d'avoir su bâtir un pays qui est le contraire de ces nations où souffle un vent de folie. Son Altesse Sérénissime la Princesse Grace de Monaco n'a-t-elle pas été la meilleure Ambassadrice de charme «efficace» du pays de l'homme qu'elle a aimé durant 26 ans?

Ambassadrice? Certes, mais avant tout mère de famille au Palais Princier dans sa vie officielle tout comme au Roc Agel la ferme dont elle revenait ce 13 septembre avec sa fille. Une ferme où elle aimait à se retrouver avec les siens très souvent. D'éducation américaine elle respectait la liberté de l'individu et savait aider et comprendre sans les juger, ses enfants dans des moments difficiles tout en alliant harmonieusement ses idées et les principes de sa position.

Allaitant ses enfants, elle pourra défendre avec conviction lors d'un congrès sur la défense de l'allaitement[9] maternel, ce qu'elle juge comme un lien indispensable entre une mère et son enfant, cette mère fût-t-elle Princesse de Monaco.

Sait-on que le jeune Prince Albert, à 14 ans, gardait sa petite soeur Stéphanie de préférence à la nurse parce que justement Grace de Monaco voulait ses enfants proches et réellement unis; elle tenait au sens profond du mot famille, «La femme a de nos jours une très grande responsabilité et le féminisme ne sert pas son évolution, je comprends la femme qui veut s'épanouir[10], se développer, travailler, participer à la vie, créer, mais ce qu'il faut préserver, c'est la famille, l'éducation des enfants cette chose extraordinaire.»

Présidente de l'Association des Guides de Monaco, de la Fondation Princesse Grace, de l'Association Monaco États-Unis, du Garden Club de Monaco, de l'Irish American Cultural Institute, de l'Hôpital américain, ses activités culturelles, artistiques, hospitalières concourent à donner plus qu'un visage, une âme à son pays.

Pour le monde entier, elle était belle, pour les Monégasques son visage était le reflect de son âme.

Ces activités journalières[11] occupaient toute la vie de celle que son époux aimait à appeler son ministre de la culture, des loisirs, de la santé, de la jeunesse et de la solidarité. Les activités de Grace de Monaco étaient empreintes[12] de son autorité, bien à elle: dynamique; «l'optimisme est tout à fait dans mon caractère» aimait-elle à dire.

Parmi d'autres activitès, on pense au Festival des Arts qu'elle anima, à cette villa dominant le vallon de Sainte Dévote Patronne de Monaco, somptueuse villa, construite en 1930 pour l'homme d'affaires américain, Singer, qui abrite, depuis 1976, l'Académie de danse classique Princesse Grace dirigée par Madame Besobrasova. Depuis Diaghilev jusqu'à Lifar, les ballets sont liés à Monaco; la Princesse, très attachée à cette discipline, avait entre autres projets celui de faire revivre le Festival international de ballets de Monte-Carlo créé en 66 sur la place du Palais.

Depuis le 17 décembre 81, l'ancien Théâtre des Beaux-Arts, qui avait fermé ses portes depuis la guerre, devenu Théâtre Princesse Grace, est confié à Patrick Hourdequin et Raymond Gérome. Patrick Hourdequin, administrateur, qualifie[13] de fée, celle qui a voulu que les trois coups[14] retentissent à nouveau. C'est elle la fée qui a choisi les tissus, les couleurs, l'esthétisme[15] de la salle. Le 17 septembre... Michel Legrand devait y présenter la saison 82/83, la fée a disparu. Le théâtre a fermé ses portes.

Que la compagne du prince régnant de ce petit pays qui s'honore[16] d'être l'une des plus vieilles monarchies, imagine et anime, sans renoncer à sa féminité, les institutions sociales, artistiques qui, comme toutes les bonnes idées, n'ont pas d'âge mais un avenir, a aussi valeur de symbole pour les femmes que le bonheur n'ennuie pas.

A Monaco, plus rien ne sera jamais plus pareil...

Adaptation d'un article de la Gazette de Monaco

VOCABULAIRE

1.	**lauréat(e)** *(m., f.)*	=	*graduate*
2.	**rayonnante**	=	*glowing*
3.	**héritier (ère)** *(m., f.)*	=	*heir(ess)*
4.	**sceller**	=	confirmer
5.	**principauté** *(f.)*	=	*principality*
6.	**ravir**	=	*to delight*
7.	**recul** *(m.)*	=	distance
8.	**féerie** *(f.)*	=	ce qui est d'une merveilleuse beauté
9.	**allaitement** *(m.)*	=	*breast feeding*
10.	**s'épanouir**	=	s'ouvrir
11.	**journalier**	=	de chaque jour
12.	**empreindre**	=	marquer profondément
13.	**qualifier**	=	attribuer une qualité à
14.	**le trois coups**	=	*theatres in France open each play with 3 knocks*

15. **esthétisme** *(m.)* = école littéraire

16. **s'honorer** = rendre honneur à

PARADIS FISCAL?

Les citoyens monégasques et les étrangers reconnus résidents monégasques ne paient pas d'impôts directs. Cependant, les Français installés à Monaco après 1958 ne bénéficient pas de cette disposition. Ils acquittent[1] l'impôt en France.

L'impôt sur les bénéfices réalisés par les sociétés établies à Monaco est fixé au taux de 35% (contre 50% en France). En outre[2], les petites sociétés réalisant plus des trois quarts de leur chiffre d'affaires dans la principauté sont exemptées de cet impôt sur les bénéfices.

Le budget monégasque tire la moitié de ses ressources de l'application de la T.V.A., impôt indirect sur la consommation.

Adaptation d'un article du Nouvel Observateur

VOCABULAIRE

1. **acquitter** = payer ce qu'on doit

2. **en outre** = de plus

LA SAGA DE MONACO

Qui donc est assez fou pour venir ici dépenser en une nuit, sans le pourboire, ce que gagne un smicard[1] en une semaine? Cinquante mille Français, quarante mille Américains, trente mille Italiens, vingt mille Anglais. Ça suffit: Monaco, on oublie, c'est si petit. La principauté joue sur les événements à sensation—le rallye, le grand prix, le tournoi[2] de tennis—qu'elle a orchestrés avec l'aide d'une presse choyée[3]. (Ah! les folles nuits gratuites sous les lustres[4] de cristal de l'Hermitage!) La principauté tire parti de cette animation[5] forcenée[6] moins pour remplir les hôtels déjà bien pleins que pour justifier le prix exorbitant des chambres. Il est des jours où celui qui décide de compter dans le monde doit se faire voir[7] au bal du Sporting[8] entre Caroline et Régine. Monaco est une ville de montreurs d'ours[9], sans

qu'on sache plus très bien qui, du prince ou de la star, est l'ours et le montreur.

Adaptation d'un article du Nouvel Observateur

VOCABULAIRE

1.	**smicard** *(m.)*	=	*minimum wage earner* (**SMIC** = salaire minimum interprofessionnel de croissance)
2.	**tournoi** *(m.)*	=	*tournament*
3.	**choyer**	=	entourer de soins affectueux
4.	**lustre** *(m.)*	=	chandelier
5.	**animation** *(f.)*	=	la vie, l'activité
6.	**forcené**	=	hors de soi, *mad*
7.	**se faire voir**	=	*to be seen*
8.	**Sporting** *(m.)*	=	*The Sporting Club*
9.	**montreur d'ours** *(m.)*	=	*bear-leader, showman*

Exercices

1. Souhaiteriez-vous vivre une vie comme celle de la Princesse Grace? Expliquez.

2. Tenez un journal de votre journée si vous étiez prince ou princesse d'un pays.

3. Faites un dépliant touristique imaginaire pour Monaco. Citez quelques raisons pour visiter le pays.

LA SUISSE

Population : 6.500.000
Superficie : 41.288 km^2
Capitale : Berne
Langues parlées : Allemand, Français, Italien

4

QUADRILINGUISME[1] DE LA SUISSE

Diversité des Langues et des Cultures en Espace Restreint[2]

La Suisse, quelque 40.000 km^2 et 6,3 millions d'habitants, est un petit pays. Sa situation au centre de l'Europe comme son histoire en font le lieu de rencontre de trois grandes langues européennes: l'allemand, le français et l'italien. Le romanche est reconnu depuis 1938 comme quatrième langue nationale. Toute la Suisse orientale et centrale, le Nord-Ouest et certaines parties des cantons[3] de Fribourg et du Valais parlent allemand. Le français est la langue de l'Ouest du pays et l'italien celle des vallées ouvertes sur le Sud. Le romanche[4] reste cantonné dans quelques vallées alpestres[5] des Grisons.

La répartition[6] quantitative des langues maternelles est la suivante:

	TOTAL	SUISSES	ETRANGERS
Allemand	4.140.901 (65,0%)	3.986.955	153.946
Français	1.172.502 (18,4%)	1.088.233	84.279
Italien	622.226 (9,8%)	241.758	380.468
Autres	379.203 (6,0%)	53.812	325.391

90% des habitants occupent en plaine un tiers du pays; 60% vivent dans les villes. Moins de 4% de toute la population vivent au-dessus de 1.000 m d'altitude.

Cette diversité des langues dans le pays est la raison la plus importante du foisonnement[7] des cultures en un espace si restreint. Les particularités économiques et socio-culturelles de certaines petites régions augmentent encore cette multiplicité. Les frontières linguistiques chevauchent[8] en maint[9] lieu celles des confessions et des aires[10] d'occupation, créant cette Suisse aux facettes multiples.

D'après l'information de l'office national suisse du tourisme

VOCABULAIRE

1. **quadrilinguisme** *(m.)* = quadrilingualism *(speaking four languages)*
2. **restreint** = limité
3. **canton** *(m.)* = un état suisse
4. **romanche** *(m.)* = langue parlée dans les Grisons
5. **alpestre** = particulier aux Alpes
6. **répartition** *(f.)* = partage
7. **foisonnement** *(m.)* = augmentation de volume
8. **chevaucher** = to straddle
9. **maint** = plus d'un
10. **aire** *(f.)* = domaine

L'ARTISANAT[1] SUISSE ENTRE HIER ET DEMAIN

La Suisse est un petit pays, mais ses structures régionales offrent d'iné-puisables[2] richesses. A cette diversité géographique correspond une multi-tude de langues et de dialectes, de coutumes, de modes de vie et de types de décoration. L'exposition «L'artisanat suisse entre hier et demain» se propose de donner un aperçu de ce large éventail[3]. Ses cinq sections sont composées à partir des différentes régions du pays.

Pour commencer, le visiteur est accueilli à l'entrée par un groupe de 26 poupées en costumes de tous les cantons[4] et demi-cantons. Les quatre autres cellules[5] de l'exposition présentent la Suisse romande[6], le Jura et Bâle; l'Est de la Suisse et Zurich; la Suisse centrale et Berne; la Suisse méridionale[7], c'est-à-dire les cantons limitrophes[8] de l'Italie, les Grisons, le Tessin et le Valais.

Le Travail du Bois

Une odeur de bois fraîchement coupé imprègne[9] l'atelier de tonnellerie[10] de Fridolin Britschgi à Kerns. On y travaille le bois de sapin[11], de hêtre[12] et d'érable[13]. Le bois d'érable, blanc et neutre, convient aux récipients pour le lait et aux grandes louches pour la crème, et le bois de sapin ou de hêtre aux cercles à fromage. Le commerce de ces articles en bois n'est plus du

tout aussi florissant[14]. Les fromageries, avec leurs installations en acier inoxydable[15], n'ont plus cessé, au cours des dernières années, de s'agrandir[16] et de se moderniser. Les utensiles en bois ne sont donc plus guère utilisés.

C'est déjà la troisimème génération de la famille Britschgi qui se voue à la tonnellerie. A l'époque du grand-père, on employait encore des baquets[17] pour la lessive, des jattes[18] pour le lait ainsi que des cuves[19] de toutes sortes. Aujourd'hui, on ne vend plus que des louches à crème et des cercles à fromage. Mais les grandes cuillers de bois continuent à être en usage sur les alpages[20] et le Centre suisse de l'artisanat en achète encore à titre[21] d'objets-souvenirs.

Fridolin Britschgi, qui approche de l'âge de la retraite, continuera aussi longtemps qu'il le peut à exercer un métier qu'il a acquis au cours des années au prix de beaucoup de patience et d'application. Il ne se soucie[22] plus aujourd'hui du rythme de son travail. Les fleurs qui ornent la fenêtre de son atelier semblent le regarder et il se réjouit[23] d'être près de la nature et de pouvoir former lentement de ses mains les objets de bois auxquels il a consacré sa vie. Son fils, lui, ne croit plus en l'avenir de l'enterprise familiale. Une fois de plus, un ancien métier va s'éteindre[24].

Adaptation d'un article de Suisse

VOCABULAIRE

1.	**artisanat** *(m.)*	=	l'œuvre d'un artisan
2.	**inépuisable**	=	qu'on ne peut pas épuiser
3.	**éventail** *(m.)*	=	ensemble, gamme
4.	**canton** *(m.)*	=	état suisse
5.	**cellule** *(f.)*	=	petite chambre
6.	**romand(e)**	=	qui s'applique à la partie de la Suisse où l'on parle le français
7.	**méridionale**	=	qui est au midi (du sud)
8.	**limitrophes**	=	voisin, qui est sur les limites
9.	**imprégner**	=	*permeate*
10.	**tonnellerie** *(f.)*	=	*barrel making*
11.	**sapin** *(m.)*	=	*pine*
12.	**l'hêtre**	=	*beech*
13.	**érable** *(m.)*	=	*maple*
14.	**florissant**	=	*flourishing*
15.	**acier inoxydable** *(m.)*	=	*stainless steel*
16.	**s'agrandir**	=	devenir plus grand
17.	**baquet** *(m.)*	=	*bucket*
18.	**jatte** *(f.)*	=	*bowl, basin*
19.	**cuve** *(f.)*	=	*vat*
20.	**alpage** *(m.)*	=	prairie dans les hautes montagnes
21.	**à titre**	=	en qualité de
22.	**se soucier**	=	s'inquiéter
23.	**se réjouir**	=	se divertir
24.	**s'éteindre**	=	disparaître

LE GRAND-SAINT-BERNARD, L'UN DES COLS ALPINS[1] LES PLUS ANCIENS

La longue chaîne des Alpes, qui semble diviser le vieux continent d'est en ouest en deux parties, est à plusieurs endroits coupée par des cols. Un des passages alpins les plus anciens—et qui fut longtemps un des plus importants—est le col du Grand-Saint-Bernard.

    Le trésor d'anecdotes et de légendes autour du Grand-St-Bernard peut sans peine rivaliser avec celui du légendaire col du St-Gothard, mais son histoire est encore plus ancienne. Ce fut l'empereur romain Auguste qui, en l'an 12 av. J.-C., fit transformer le simple sentier des Gaulois en une route de col large de quatre mètres et en partie dallée[2].

Hannibal est-il le premier des personnages historiques qui utilisèrent ce passage à travers les Alpes? Les historiens ne sont pas d'accord sur ce point. Ce qui est certain, c'est que, en l'an 58 av. J.-C., César fit franchir le col à une partie de ses légions qu'il envoyait en Germanie. Mais l'époque culminante[3] du col se situe au temps de la Révolution française. Après que le col eut livré passage à des milliers de réfugiés qui émigraient vers l'Italie, il fut de 1797 à 1802 occupé en permanence par des troupes françaises.

C'est à cette époque—exactement le 20 mai 1800—qu'eut lieu le passage du col incontestablement[4] le plus sensationnel: celui de Napoléon Bonaparte. L'armée de réserve qu'il avait levée afin de prendre les Autrichiens à revers[5] dans le bourg piémontais[6] de Marengo, comptait 40.000 hommes, 5.000 chevaux, 50 canons et 8 obusiers[7]. Pour faciliter le passage des Alpes enneigées[8] vers la vallée d'Aoste, Napoléon s'assura l'aide des montagnards de la petite commune valaisanne[9] de Bourg-St-Pierre. La commune de Bourg-St-Pierre, qui avait fourni des guides, des mulets[10], plusieurs tonnes de fourrage[11] et du bois de charpente, présenta au Gouvernement français une note d'indemnisation[12] de Fr. 45.311,00 (en francs français de l'époque). Bien que la commune valaisanne détienne[13] toujours une reconnaissance[14] de dette manuscrite de Napoléon, elle n'est pas encore rentrée dans ses fonds. Pendant plus d'un siècle la commune de Bourg-St-Pierre a laissé dormir sa créance[15]. Mais, il y a une vingtaine d'années, un avocat et notaire[16] de Martigny, Victor Dubuis, décédé dans l'intervalle, s'occupa activement de ce dossier[17]. Il découvrit dans les archives communales la reconnaissance de dette manuscrite de Napoléon, dont voici la teneur[18]:

Au commandant Max, président de la commune de Bourg-St-Pierre,
J'ai reçu, citoyen, votre lettre du 20 mai. Je suis très satisfait du zèle qu'ont montré tous les habitants de St-Pierre et des services qu'ils nous ont rendus. Faites faire une estimation des dommages qu'aurait causés le passage de l'armée et je vous indemniserai de tout. Ceci n'est que justice et je désire de plus pouvoir faire quelque chose d'advantageux à votre commune.

BONAPARTE

Au cours de ses recherches ultérieures, Victor Dubuis apprit, an explorant les archives cantonales de Sion, qu'un montant de quinze mille francs avait été payé en 1822 à la commune de Bourg-St-Pierre par ordre du roi Louis XVIII. Il restait donc un solde de dette de Fr. 30.331,00 que le diligent avocat bas-valaisan s'efforça obstinément de récupérer. Il se rendit plusieurs fois à Paris et, le 14 mai 1978, adressa une lettre personnelle au Président de la République Giscard d'Estaing. Celui-ci chargea le consul général de France à Lausanne d'élucider[19] l'affaire. On en était resté là pour l'instant. Toutefois, à l'occasion de la visite officielle du président Mitterand en Suisse, le village a reçu un don[20] symbolique de valeur.

On ne peut pas parler du col sans évoquer le rôle historique de l'hospice pendant des siècles. Au début l'hospice vivait surtout de donations. Plus encore qu'à leurs devoirs monastiques, les moines de l'hospice du Grand-St-Bernard se consacraient à leur mission d'hospitalité. Pendant neuf siècles, l'hospice resta fidèle au principe de l'hospitalité gratuite: le gîte[21] et le couvert[22] étaient assurés à tous les voyageurs sans distinction d'origine et de classe sociale. L'assistance et les secours de l'hospice avaient, bien entendu, une grande importance en hiver, quand la température descend à moins de 30° Celsius, que le vent souffle en tempête et que la neige s'amoncelle[23] au point d'atteindre à cette altitude (2.475 m) plus de vingt mètres certaines années. En compagnie d'un de leurs célèbres saint-bernards, deux moines se mettaient charque jour en route, un vers le nord, l'autre vers le sud, à la recherche de voyageurs qui auraient pu s'égarer[24], afin de les ramener sur le bon chemin et aussi de les sustenter[25]. Plus légendaires encore que les intrépides moines de l'hospice sont leurs fidèles compagnons, les saint-bernards. Bien que ceux-ci soient aujourd'hui entrés dans le folklore suisse, où ils sont représentés avec le barillet[26] de cognac attaché à leur cou, on ne doit pas oublier tous les voyageurs égarés ou ensevelis[27] sous la neige à qui ils ont sauvé la vie.

Quand on parle aujourd'hui du Grand-St-Bernard, on pense moins à la route du col et à l'hospice qu'au tunnel routier[28] long de six kilomètres qui assure une communication rapide et sûre en hiver avec l'Italie voisine et qui occupe une place éminente dans le réseau routier européen. Il ouvre une voie de transit particulièrement directe à travers les Alpes vers le Nord de la France, la Scandinavie, le Benelux, l'Ouest de l'Allemagne, ainsi que vers le Nord et l'Ouest de la Suisse.

On ne sait rien de précis sur l'origine des saint-bernards. On en fait l'élevage à l'Hospice depuis plus de trois siècles, et ils aident les moines dans leurs actions de sauvetage[29] grâce à leur vigueur adaptée au climat et à leur sens extraordinaire de l'orientation. Depuis l'ouverture du tunnel routier, le transit hivernal[30] est devenu insignifiant. Les chiens n'ont presque plus jamais l'occasion de participer à des actions de sauvetage. On en continue toutefois l'élevage par tradition, et ils sont, en été, la grande attraction des touristes.

Adaptation d'un article de Suisse

VOCABULAIRE

1.	**alpin**	=	qui a un rapport aux Alpes
2.	**dallé**	=	pavé de dalles, *paved*
3.	**culminante**	=	*(ici)* la plus glorieuse
4.	**incontestablement**	=	*(ici)* sans doute
5.	**à revers**	=	par derrière
6.	**piémontais**	=	du Piémont *(Piedmont)*, région du nord-ouest de l'Italie

7.	**obusier** *(m.)*	=	canon court
8.	**enneigées**	=	couvertes de neige
9.	**valaisan**	=	du valais (un des cantons suisses)
10.	**mulet** *(m.)*	=	*mule*
11.	**fourrage** *(m.)*	=	*forage, fodder*
12.	**une indemnisation**	=	action de payer les dommages
13.	**détenir**	=	garder
14.	**reconnaissance** *(f.)*	=	souvenir, gratitude pour un bienfait reçu
15.	**créance** *(f.)*	=	crédit accordé à quelque chose
16.	**notaire** *(m.)*	=	*notary*
17.	**dossier** *(m.)*	=	*(ici) brief*
18.	**teneur** *(f.)*	=	texte littéral
19.	**élucider**	=	expliquer
20.	**don** *(m.)*	=	*donation*
21.	**gîte** *(m.)*	=	*bed*
22.	**couvert** *(m.)*	=	*board*
23.	**s'amonceler**	=	mettre en tas
24.	**s'égarer**	=	se perdre
25.	**sustenter**	=	nourrir
26.	**barillet** *(m.)*	=	*small cask*
27.	**ensevelir**	=	enterrer, *(fig.)* cacher
28.	**routier**	=	relatif aux routes
29.	**sauvetage**	=	*safety*
30.	**hivernal**	=	en hiver

LA FONDUE: UNE SPÉCIALITÉ SUISSE

Préparation: 10 mn

Cuisson: 20 mn

Proportions pour 6 personnes

750 g de fromage de gruyère

1 noix de beurre

1/2 litre de vin blanc sec

1 gousse d'ail[1], sel, poivre

1 verre de porto de kirsch[2]

1 kg de pain dur coupé en cubes

Pour cette recette, il faut avoir un réchaud[3] à alcool à flamme réglable et un caquelon (casserole en terre cuite ou en fonte[4] émailée).

Frottez votre caquelon avec une gousse d'ail et mettez-y le fromage coupé en lamelles, le vin blanc et le beurre. Faites chauffer à feu doux en remuant[5] avec une cuiller en bois. Ne laissez pas bouillir. Dès que vous avez obtenu une pâte[6] lisse et homogène, la fondue est prête (environ 20 mn). Salez, poivrez légèrement et ajoutez une pincée de muscade[7] et le verre de kirsch. Baissez la flamme du réchaud afin de maintenir la chaleur.

Préparez sur la table des assiettes de petits morceaux de pain, environ 2 cm sur 2 cm. Chaque convive pique le morceau de pain du bout d'une fourchette à long manche de bois ou plastique; le plonge dans la fondue en tournant et le retire pour le manger. Celui qui laisse tomber son pain dans la fondue doit payer une autre bouteille de vin (vieille tradition).

VOCABULAIRE

1. **une gousse d'ail** = *garlic clove*
2. **kirsch** *(m.)* = liqueur à base de cerises
3. **réchaud** *(m.)* = petite cuisinière portative
4. **fonte** *(f.)* = *cast iron*
5. **remuer** = tourner
6. **pâte** *(f.)* = *batter*
7. **muscade** *(f.)* = *nutmeg*

L'AUTRE PIAGET

Au début de l'été 1970, deux lundis de suite, pendant plus d'une heure, les téléspectateurs découvrirent sur leur écran un homme âgé mais alerte, discourant au milieu de l'invraisemblable désordre de son bureau—où nul n'est autorisé à déplacer un papier, un dossier, un livre—et dans le jardin de sa petite maison de la banlieue de Genève, la tête couverte d'un large béret basque, la pipe constamment fichée[1] au coin de la bouche. De confiance, ils écoutaient. On leur avait annoncé un grand psychologue suisse illustre dans les milieux scientifiques du monde entier. La majorité d'entre eux n'avait pourtant jamais entendu prononcer le nom de Jean Piaget. C'est une caractéristique des civilisations en crise de découvrir en leur sein[2] l'existence de «penseurs sociaux», qui étudient l'homme et sa condition dans le monde et d'y porter intérêt. Il y a peu d'années encore, les physiciens, les informaticiens, les biologistes, les généticiens, les chimistes étaient seuls à susciter[3] l'intérêt du public. Que ce public se tourne vers la sociologie et les sociologues, vers la psychologie et les psychologues est une indication sur les préoccupations de notre monde, un signe du temps. A plus de 70 ans, Jean Piaget devenait une célébrité. Parmi les téléspectateurs, un

petit nombre se souvenaient du professeur qui, en 1952, avait succédé à la Sorbonne à Maurice Merleau-Ponty, au moment où celui-ci accédait à sa chaire du Collège de France. Pendant dix ans, Piaget arriva chaque semaine, petite valise de toile bleue d'une main, tirant sur sa pipe qu'il tenait de l'autre. Il s'installait, ôtait[4] son béret, gardait sa pipe, faisait son cours puis repartait. Le même train qui l'avait amené de Genève le reconduisait vers ses travaux et son équipe de chercheurs. Il n'a jamais véritablement compris comment il avait été appelé à succéder à Merleau-Ponty. En effet, pendant tout le temps où ce dernier avait été professeur à la Sorbonne, il avait critiqué la pensée du psychologue et épistémologue suisse. Parmi les anciens élèves de Piaget à la faculté des lettres et sciences humaines de Paris qui se trouvaient en juin 1970 devant leur poste de télévision, il devait y en avoir certains qui, en 1953, n'ayant pas noté le changement de titulaire de la chaire de philosophie, expliquèrent en fin d'année dans leur copie d'examen à quel point «Piaget n'avait rien compris à rien, comme l'a prouvé M. Merleau-Ponty». «J'ai d'ailleurs, ajoute Piaget avec humour, majoré ces notes-là.»

Les philosophes, pendant longtemps, ont «eu une dent[5]» contre Piaget. Ils ne lui pardonnaient pas d'avoir déserté la philosophie alors qu'il avait commencé par être des leurs. «Je consacrerai ma vie à la philosophie, avec pour but central de concilier la science et les valeurs religieuses», avait-il décidé dans sa jeunesse. Sous la conduite du logicien Arnold Reymond, professeur à Neuchâtel, il se destinait à poursuivre une carrière essentiellement philosophique, en se spécialisant en philosophie biologique. En 1925, il fut nommé à la chaire de philosophie de Neuchâtel, qu'occupait son maître Reymond, lorsque celui-ci fut appelé à Lausanne. Mais, tandis qu'il avait fait ses études, publié ses premières œuvres philosophiques et commencé à enseigner, la pensée de Jean Piaget avait évolué[6] et les insuffisances de la philosophie traditionnelle lui étaient apparues. Il allait successivement occuper plusieurs chaires baptisées de philosophie, mais ce serait de plus en plus soit pour mettre celle-ci en question, soit pour y enseigner tout autre chose: la psychologie, l'épistémologie, deux disciplines que peu à peu ses efforts ont tendu à détacher de la philosophie proprement dite.

Adaptation de Pour comprendre Jean Piaget

VOCABULAIRE

1.	**fichée**	=	mise, placée
2.	**en leur sein**	=	parmi eux
3.	**susciter**	=	provoquer, attirer
4.	**ôter**	=	enlever, retirer
5.	**avoir une dent**	=	en vouloir
6.	**évolué**	=	avancé, changé

BIOGRAPHIE

9 août 1896:	Naissance à Neuchâtel (Suisse) de Jean Piaget; son père est professeur d'histoire.
1906:	A l'âge de 10 ans, il écrit un petit article sur un moineau semi-albinos. Le conservateur du musée d'histoire naturelle de Neuchâtel le prend en amitié.
1911–1912:	Ses écrits sur les mollusques alpins le font connaître, malgré son jeune âge. A cette époque, Jean Piaget est élève au gymnase de Neuchâtel.
1918:	Après des études de biologie à l'université de Neuchâtel, il obtient son doctorat ès sciences. Il voyage, se rend à Paris, où il travaille au laboratoire de psychologie expérimentale de Binet.
1921:	Piaget est nommé directeur d'études à l'institut de psychologie Jean-Jacques Rousseau de Genève, où il étudie la pensée infantile spontanée. Les résultats des travaux de l'institut seront publiés dans les «Archives de psychologie» (Paris, P.U.F.).

1923:	«Le langage et la pensée chez l'enfant.»
1925:	Il est nommé à la chaire de philosophie de l'université de Neuchâtel, où il succède à son maître Reymond.
1929:	Jean Piaget est nommé professeur à la faculté des sciences de l'université de Genève, où il enseigne la psychologie expérimentale.
1940:	Piaget succède à Claparède et utilise les installations de son laboratoire pour faire des recherches sur le développement des perceptions infantiles.
1947:	Jean Piaget consacre une étude à la «Psychologie de l'intelligence».
1950:	«Introduction à l'épistémologie génétique» (Paris, P.U.F.), écrit avec sa principale collaboratrice, Bärbel Inhelder.
1952:	Jean Piaget succède, à la Sorbonne, à Maurice Merleau-Ponty quand celui-ci entre au Collège de France. Il conserve son enseignement à la faculté de Genève.
1953:	Il fonde à Genève le Centre international d'épistémologie génétique, financé par la fondation Rockefeller, puis par le Fonds national suisse pour la recherche scientifique. Les résultats des travaux du centre seront publiés dans la collection «Etudes d'épistémologie génétique» (Paris, P.U.F.).
1954:	«Les relations entre l'affectivité et l'intelligence dans le développement mental de l'enfant» (Paris, C.D.U.).
1967:	«Biologie et connaissance», (Paris, Gallimard).
1971:	«Les Explications causales» (Paris, P.U.F.) «L'Epistémologie des sciences de l'homme» (Paris, Gallimard). Mort.

Adaptation de Pour comprendre Jean Piaget

Exercices

1. Ecrivez une notice nécrologique pour Jean Piaget.

2. Essayez de traduire votre recette preférée en français.

3. Quels sont d'autres pays où plusieurs langues sont parlées? Discutez les difficultés linguistiques de ces pays.

Part 2
L'Afrique

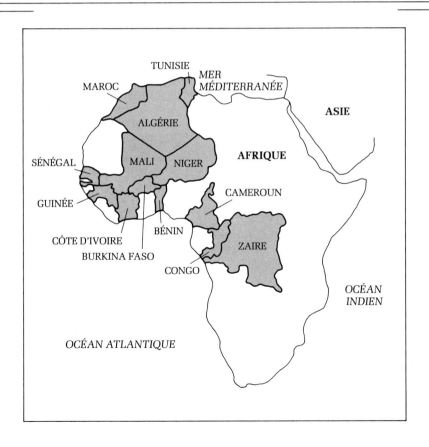

TUNISIE

MER
MÉDITERRANÉE

MAROC

ASIE

ALGÉRIE

AFRIQUE

SÉNÉGAL

MALI   NIGER

GUINÉE

CAMEROUN

CÔTE D'IVOIRE

BÉNIN

BURKINA FASO

ZAIRE

CONGO

OCÉAN
INDIEN

OCÉAN ATLANTIQUE

L'ALGÉRIE

5

Population   :   21.200.00
Superficie   :   2.381.740 km^2
Capitale   :   Alger
Langues parlées :   Arabe, Français

DEUX CONTES DJEHA*

Le Clou de Djeha

Un jour, Djeha n'a plus d'argent. Il décide de vendre sa maison. Quelqu'un veut l'acheter, alors Djeha lui dit:
«Je vends ma maison, mais dans cette maison, il y a un clou, planté dans un mur. Ce clou, je ne le vends pas, il est à moi. Et tu n'as pas le droit de l'enlever ni de l'enfoncer.
—D'accord, dit l'acheteur. J'achète la maison.»
Et tous les deux vont chez le notaire[1] pour signer la vente. Sur le papier, le notaire écrit que le clou qui est dans le mur ne peut être ni enlevé ni enfoncé.

     Quelques jours plus tard, Djeha trouve un vieux cheval mort, jeté dans la rue. Il donne de l'argent à des gens et leur dit:
«Allez porter ce cheval mort devant la porte de la maison de Djeha.»
Quand ils l'ont porté, Djeha frappe à la porte et dit aux gens de la maison:
«Je veux accrocher ce cheval à mon clou!
—Quoi, mais tu es fou! Cette maison est à nous!
—Cette maison est à vous mais le clou est à moi, répond Djeha.
—Mais il est mort, ton cheval, et déjà il sent mauvais.
—Le clou est à moi, répète Djeha. Allons chez le cadi[2].»
Djeha et l'acheteur vont chez le cadi.
«Montrez-moi le papier écrit au moment de la vente», dit la cadi. Djeha

---

*Djeha est un personnage très malin dans les contes traditionnels algériens.—ed.

montre le papier; le cadi le lit.

«C'est vrai, dit le cadi, le clou est à Djeha. Il peut faire ce qu'il veut avec.

—Mais, monsieur le cadi, dit l'acheteur, aujourd'hui, nous avons un mariage chez nous. Cet homme apporte un cheval mort et qui sent mauvais et il veut l'accrocher au clou.

—Tu as signé le papier, répond le cadi. Il est trop tard.

—Monsieur le cadi, dit l'acheteur, c'est d'accord. Je laisse toute la maison à cet homme. Je lui demande seulement qu'il nous laisse finir la fête chez nous et après je lui donnerai la clef.»

C'est ainsi que Djeha a retrouvé sa maison.

Les Cinq Ânes de Djeha

Djeha doit conduire cinq ânes au marché.

Il attache les ânes l'un derrière l'autre. Puis il les compte: un, deux, trois, quatre, cinq.

«Bien, se dit-il. Ils sont tous là.»

Il monte sur le premier âne et hue[3]! Il s'en va. En cours de route, Djeha se retourne et compte les ânes qui sont derrière lui.

«Un, deux, trois, quatre. Malheur! J'ai perdu un âne.»

Vite, il se dépeche d'arriver à la ville. Quand il voit l'homme à qui il doit vendre les ânes, il met pied à terre et lui explique l'affaire.

«En partant, j'avais cinq ânes. Mais en route, quand je me suis retourné pour les compter, il en manquait un.

—Comment! répond l'autre en regardant les ânes.

—Eh bien, oui! dit Djeha. Regarde! Compte-les! Un, deux, trois, quatre... et cinq! Il est revenu! C'est extraordinaire! Un, deux, trois, quatre, cinq! C'est bien vrai! Ils sont tous là! Je n'y comprends rien!

—Eh bien, tu vois, répond l'autre. Les cinq ânes sont là.»

Et il ajoute en regardant Djeha.

«J'en vois même un sixième!

—Un sixième âne? Un sixième âne? Où ça? demande Djeha qui, cette fois, ne comprend plus rien du tout.»

Adaptation des Contes et Histoire du Maghreb

VOCABULAIRE

1. **notaire** *(m.)* = quelqu'un qui écrit les contrats
2. **cadi** *(m.)* = juge musulman
3. **hue!** = cri pour faire avancer les chevaux et les ânes

Kateb Yacine, qui place toujours son nom avant son prénom en souvenir de l'école primaire, est né en 1929 à Constantine en Algérie. Élève au lycée de Sétif, il est arrêté et emprisonné pour avoir participé aux manifestations. Depuis, n'ayant plus la possibilité de terminer ses études, il voyage, d'abord en Algérie et, après 1951, en France. En 1958, sa pièce «Cadavre Encerclé» est monté à Bruxelles. Depuis 1971, Kateb Yacine vit de nouveau en Algérie où il est responsable d'un théâtre à Sidi Bel Abbès.

NEDJMA

Kateb Yacine

—Vous avez trois quarts d'heure pour finir.

M. Temple souffle sur ses doigts.

Il ôte ses lunettes et se rassoit.

La salle de sciences naturelles est la mieux agencée[1]; elle comprend trois longues marches de bois sur lesquelles sont fixés les pupitres[2]; chaque classe y a ses dispositions particulières; les élèves du «troisième classique» ont leur place marquée dès le premier cours, pour toute l'année.

M. Temple est le doyen[3] des professeurs.

Il est membre du conseil de discipline.

Il a une voix effroyablement[4] puissante.

Il tient à la lettre de ses cours.

Il ne revient pas sur les leçons.

Il ne lève jamais une consigne.

Il ne bavarde pas avec les autres professeurs.

On ne le rencontre pas dans les rues de Sétif.

Mustapha change de place et de rangée! Ce n'est pas tout. Cette matinée d'automne (1944), se distingue par un nombre inhabituel d'absents. Mustapha se trouve seul dans la rangée de gauche.

C'est jour de composition.

M. Temple ne souffle mot.

Il attend peut-être le cahier des absents.

Il quitte un instant son bureau, pénètre dans le laboratoire.

Une fille, puis une autre, se tournent vers Mustapha.

Il les fixe, les lévres tremblantes.

Elles ont un chuchotement[5] étouffé.

Charles, l'efféminé[6], fredonne[7].

S. . . et T. . . commencent une parlotte[8] moqueuse, pleine d'allusions.

—Nom de Dieu! piétine[9] M. Temple.

Sa bouche reste ouverte.

Un mèche[10] blanche danse sur les rides.

Il pose rudement le squelette Casimir.

Tous courbent la tête, y compris Mustapha.

—Mademoiselle Duo, filez[11] chez le surveillant général[12]!

La fille du plus grand pâtissier de Sétif se retire, en secouant sa lourde chevelure noire. Mustapha respire jusqu'au filet de vent qu'elle attire, en refermant la porte.

Entre le magasinier[13], avec son registre vert.

Charley donne le nom des absents.

Il appuie sur les son gutturaux[14].

Tous les absents sont des musulmans.

Le magasinier laisse un papier sur la chaire[15].

M. Temple lit, impassible.

Mustapha feint de[16] détailler[17] le squelette.

Il sent sur lui le regard du professeur.

«...Cher Maître je ne remettrai pas la copie... c'est aujourd'hui le Mouloud[18]... Nos fêtes ne sont pas prévues dans vos calendriers. Les camarades ont bien fait de ne pas venir... J'étais sûr d'être premier à la composition... Je suis un faux frère!... J'aime les sciences naturelles. Lakhdar ne l'entend pas de cette oreille[19]. Je suis venu seul. Je remettrai feuille blanche... Je suis venu seulement pour connaître le sujet... Pour éprouver l'impression solennelle de la composition. J'aime les sciences naturelles. Je remettrai feuille blanche[20].»

—Mustapha Gharib...

Le squelette danse.

...Au bureau de monsieur le principal.

Les têtes se relèvant, encore effrayées et triomphantes.

Adaptation de Nedjma

VOCABULAIRE

1.	**agencé**	=	arrangé
2.	**pupitre** *(m.)*	=	petit meuble où étudient les étudiants
3.	**doyen** *(m.)*	=	chef
4.	**effroyablement**	=	d'une manière qui fait peur
5.	**chuchotement** *(m.)*	=	son de parler à voix basse
6.	**efféminé**	=	personne délicate
7.	**fredonner**	=	chanter à mi-voix
8.	**parlote** *(f.)*	=	conversation
9.	**piétiner**	=	*(ici) to stamp*
10.	**mèche** *(m.)*	=	assemblage de cheveux
11.	**filer**	=	aller vite
12.	**surveillant général** *(m.)*	=	*vice principal*

13.	magasinier *(m.)*	= l'employé chargé d'assurer la distribution d'objets *(stock keeper)*
14.	guttural	= qui vient de la gorge
15.	chaire *(f.)*	= endroit d'où un professeur parle à l'auditoire
16.	feindre de	= faire semblant de
17.	détailler	= regarder de près
18.	Mouloud *(m.)*	= anniversaire du prophète Mohamed
19.	ne pas l'entendre de cette oreille	= *to disagree*
20.	feuille blanche	= une feuille de papier vide

Exercices

1. Essayez de faire une description de Djeha. L'envisagez-vous comme petit, grand . . . comment?

2. Expliquez les ruses de Djeha.

3. Décrivez une matinée typique dans une lycée américaine.

LE MAROC

Population   :   22.800.000
Superficie   :   712.000 km^2
Capitale   :   Rabat
Langues parlées :   Arabe, Berbère, Français

6

MARRAKECH

Comme les touristes cherchant la tour Eiffel dans le ciel d'Ile-de-France, en abordant Marrakech vous chercherez la Koutoubia.
—C'est cela, direz-vous. Ce n'est que cela!

Vous vérifierez l'altitude: 77 m! Il n'y paraît pas. Vous vous remémorerez les affiches, les photos, les timbres-poste de ce phare et de ce symbole de la capitale du Sud. Vous vous souviendrez de vos lectures: «chef-d'œuvre de l'art almohade[1]»...

Sans doute. Et puis vous irez voir les charmeurs de serpents ou les teinturiers...

La Koutoubia, ou la Perfection

Mais, durant tout votre séjour à Marrakech, vous passerez et repasserez devant la Koutoubia: le matin lorsqu'elle fait corps avec le porche[2] de la mosquée ouvert vers l'est: dans l'éclaboussement[3] de la lumière de midi lorsqu'elle n'est plus qu'une silhouette que l'on ne peut fixer longtemps sans être ébloui; dans la blondeur du soir lorsqu'elle prolonge, justifie et affine la perspective des cyprès[4] qui se tendent vers les voûtes[5] et les entrelacs[6] de pierre rose qui l'habillent; sous le feu des projecteurs[7], enfin. Et puis vous la reconnaitrez spontanément, de loin, parmi les autres minarets qui se haussent pardessus les remparts et les jardins. Elle se dresse comme un amer[8] lorsqu'on se croit perdu au fond de la médina. Elle ordonne la perspective des boulevards de la ville moderne. Alors il arrive bien vite qu'elle vous attire, vous retient, vous captive. On ne se lasse plus de la regarder. On fait un détour pour venir revoir un détail. On se plait à évaluer ses justes proportions, à apprécier le rythme des pleins et des vides. L'œil s'accroche à cette pierre rugueuse[9] et l'esprit chante à la lecture de l'ornementation qui est pure expression géométrique. On la trouve chaque fois nouvelle et différente, mais toujours parfaite.

Jemaa el-Fna de Toutes les Heures

Ce qui est vrai pour la Koutoubia est d'ailleurs valable dans une moindre proportion pour Marrakech dans son emsemble. C'est une ville de toutes les heures.

Voyez Jemaa el-Fna. Allez-y le matin, c'est l'heure des boutiquiers[10], l'heure des emplettes[11], l'heure de la criée[12]—du commerce en un mot, si tant est que ce terme puisse s'appliquer à ces échanges parcellaires[13], à ces ventes infinitésimales qui se traitent ici.

Retournez-y, comme tout le monde, l'après-midi: place à la foire, place à la fête, place au spectacle! C'est l'heure de l'acrobate et du bonimenteur[14], ici clown, là rhéteur[15]. Le charmeur de serpents surveille d'un œil ses immondes bestioles et de l'autre le photographe qui s'esquiverait[16] sans verser les cinquante centimes d'usage.

Mais il est une autre heure, souvent ignorée des touristes: celle du soir. La nuit tombée, la place devient restaurant en plen air. A la lueur des becs à acétylène[17] ou des manchons à gaz[18], chacun s'attable autour des braseros où grillent les saucisses et des bacs à friture où dorent beignets ou poissons fort alléchants[19]. Plus loin s'élèvent de blanches montagnes d'œufs ou de brunes piles de kesra[20], ces galettes de pain à la bonne odeur de farine de blé dur. Des petits cercles d'amis accroupis autour d'une théière[21], monte une vapeur de menthe qui vous poursuit comme un sillage[22] parfumé. Sur un bout de banc quelque vieux ou quelque gosse épluche[23] et fractionne avec application l'orange qui lui servira de repas. Un silence étrange plane sur ces dineurs à la belle étoile et s'étend sur la place tout à l'heure tumultueuse. Manger, pour qui n'a pas toujours mangé chaque jour est un rite grave.

Un peu à l'écart, deux ou trois écrivains publics penchés dans un étroit cercle de lumière reçoivent les confidences de leur dernière cliente qu'ils traduiront en un message bellement calligraphié. Besoin de la communication, puissance de la lettre, mystère de la confidence écrite... toutes choses dont nous avons oublié l'importance, nous qui croulons[24] sous la civilisation du papier!... Telle est Jemaa el-Fna entre 21 et 22 heures. Mais déjà des cercles se reforment. Pour quelques heures encore, le petit peuple de Marrakech et le badaud[25] descendu pour un temps de sa montagne ou arrivé de son désert vont se livrer aux sortilèges. Les pipes de kif[26] au tuyau de roseau sortent de dessous les gandouras[27] et l'on écoute le conteur grave ou exubérant. La dernière pièce de monnaie sera pour ce dispensateur[28] de rêves.

Ce qui est vrai pour Jemaa el-Fna l'est aussi pour les souks.[29]

Il faut y aller et y retourner à toute heure, y compris le soir dans la lueur jaune que dispense un éclairage public d'un autre temps. Alors les marchands interpellent[30] le dernier chaland[31] tout en rangeant leurs éventaires ou en cadenassant[32] les hauts volets de bois de leurs boutiques. Les fillettes reviennent de la fontaine, un chaudron[33] sur la tête et tout éclaboussées. Des groupes s'accroupissent[34] dans l'angle sombre des murs, autour de la théière fumante. Les mosquées s'emplissent pour la dernière prière et, sur leur seuil éclairé par quelques ampoules, les mendiants apparaissent soudain plus nombreux et misérables que dans le jour, sous le soleil. Mais, bien entendu, les souks se visitent d'abord dans la journée, à l'heure de tout le monde qui est aussi «l'heure des touristes».

Chaque étranger est comme conduit, guidé par le fil d'un courant invisible vers la boutique de souvenirs, vers l'artisan ébéniste[35] qui vous fait comparer la senteur du thuya[36] et celle du cèdre[37] vers le gamin qui confectionne, à l'intention du visiteur, une quille[38] de citronnier[39], à l'aide, pour seul outil, d'un tranchet[40] qu'il guide entre ses orteils.

Ces spectacles variés valent le déplacement[41], d'autant qu'ils ne sont pas montés, inventés, entretenus pour les touristes. Les souks sont l'entrepôt[41], le marché de toute une ville.

Extrait du Maroc Aujourd'hui

VOCABULAIRE

1.	**almohade**	=	relatif à la dynastie marocaine de la famille Almohades
2.	**porche** *(m.)*	=	lieu couvert avant l'entrée d'un édifice
3.	**éclaboussement** *(m.)*	=	action de faire jaillir
4.	**cyprès** *(m.)*	=	*cypress tree*
5.	**voûtes** *(f.)*	=	*vault*
6.	**entrelacs** *(m.)*	=	*interlaced designs*
7.	**projecteurs** *(m.)*	=	lampe
8.	**amer** *(m.)*	=	objet fixe et très visible
9.	**rugueuse**	=	inégale
10.	**boutiquier** *(m.)*	=	personne qui tient une boutique
11.	**emplette** *(f.)*	=	achat de marchandises
12.	**criée** *(f.)*	=	vente publique
13.	**parcellaire**	=	divisé par petites parties
14.	**bonimenteur** *(m.)*	=	charlatan qui s'annonce pompeusement
15.	**rhéteur** *(m.)*	=	orateur
16.	**s'esquiver**	=	s'enfuir, se retirer sans être aperçu
17.	**un bec à acétylène**	=	lampe
18.	**manchons à gaz**	=	lampe
19.	**alléchant**	=	appétissant
20.	**kesra** *(f.)*	=	pain marocain
21.	**théière** *(f.)*	=	utensile pour servir le thé
22.	**sillage** *(m.)*	=	*trace*
23.	**éplucher**	=	enlever la peau
24.	**crouler**	=	tomber
25.	**badaud** *(m.)*	=	paysan qui regard tout
26.	**kif** *(m.)*	=	hachisch
27.	**gandoura** *(f.)*	=	blouse arabe
28.	**dispensateur** *(m.)*	=	personne qui distribue
29.	**souk**	=	marché

30.	**interpeller**	=	appeler
31.	**chaland** *(m.)*	=	acheteur habituel
32.	**cadenasser**	=	fermer
33.	**chaudron** *(m.)*	=	petite chaudière
34.	**s'accroupir**	=	s'asseoir sur les talons
35.	**ébéniste** *(m.)*	=	celui qui travaille le bois
36.	**thuya** *(m.)*	=	*thuja, arbor vitae*
37.	**cèdre** *(m.)*	=	*cedar*
38.	**quille** *(f.)*	=	jouet *(ninepin, skittle)*
39.	**citronnier** *(m.)*	=	*lemon wood*
40.	**un tranchet** *(m.)*	=	outil pour couper
41.	**valoir le déplacement**	=	mériter le voyage
42.	**entrepôt** *(m.)*	=	lieu où l'on met des marchandises

Exercice

Aimeriez-vous faire des courses aux souks de Marrakech? Pourquoi?

LA TUNISIE

Population : 7.050.000
Superficie : 163.610 km^2
Capitale : Tunis
Langues parlées : Arabe, Français

7

COUSCOUS[1] DE CÉRÉMONIE

On sert ce délicieux couscous à l'occasion de mariages, de communions, d'une cérémonie ou d'une fête.

  1,5 kg de mouton ou de bœuf*
  une pincée de safran[2]
  1 cuillère à café de sel et 1/2 de poivre
  2 kg de couscous

GARNITURE

  1 verre d'huile
  1 oignon
  500 g de pruneaux[3]
  250 g de raisins secs
  150 g d'amandes mondées[4]
  4 cuillères à soupe de sucre en poudre.

Mettre, dans le bas du couscoussier[5], la viande coupée en morceaux, le safran, le sel et le poivre avec 3 litres d'eau, couvrir et lassier cuire, à feu moyen, jusqu'à ce que le liquide de cuisson se soit bien concentré. Pendant la cuisson, préparer le couscous, puis, après la première cuisson à la vapeur, le verser dans un grand et large plat. L'arroser[6] peu à peu de 2 grands verres remplis, à parts égales, de bouillon concentré, d'eau et d'huile dans lesquels on fait fondre une cuillère à café de sel.

---

*On pourra remplacer la viande par deux gros poulets de grain coupés en morceaux.

LE BÉNIN

Population   : 3.790.000
Superficie   : 112.622 km^2
Capitale   : Porto Novo
Langues parlées : Français, langues africaines

LES AMAZONES

Le 3 mars 1851, les Danhoméens attaquent la puissante ville d'Abéokouta (dans l'actuel Nigeria). Le groupe de tête monte à l'assaut[1], parvient au sommet des remparts, engage la lutte. Mais il se heurte à une résistance efficace: les assaillants sout repoussés: plusieurs d'entre eux tombent, frappés à mort. Selon une ancienne coutume, les défenseurs doivent apporter aux chefs de la cité la tête et les organes génitaux du premier ennemi abattu sur les murs: ils découvrent avec surprise—et colère—qu'ils sont attaqués par des femmes! Ces êtres intrépides qui grimpaient le long des murailles, entrainant audacieusement toute l'armée derrière eux, étaient des guerrières[2] du roi du Danhomè!

L'existence de cette troupe féminine n'étonne pas moins les contemporains européens habitués, comme les Africains, à considérer les vertus militaires comme l'apanage[3] de la virilité, les femmes ne devant être que des épouses et des mères. Aussi, sont-ils impressionnés par ces femmes-soldats qu'ils appellent «amazones» par référence aux personnages mythiques de l'Antiquité grecque. Et ils s'interrogent sur la véritable nature de ces guerrières, doutant qu'elles puissent être de simples femmes. Dès lors, de nombreux récits de voyage au Danhomè décrivent les amazones, en font des sujets de curiosité, popularisent ce pays original puisqu'aucun autre ne possède, alors, une telle armée.

En fait, c'est sur ses forces militaire que repose la puissance du Danhomè, ce royaume du golfe du Bénin fondé dans la première moitié du XVIIe siècle par la dynastie des Agassouvi (les fils de la Panthère), à partir de leur capitale, Abomey.

L'armée, instrument de l'expansion territoriale du pays, participe aussi a son développement économique en capturant des esclaves qui sont vendus et exportés en Amérique, dans le cadre de la traite négrière[4]. Plus tard,

lorsque ce commerce déclinera, au XIXe siècle, les captifs seront employés dans les plantations de palmiers à l'huile[5] du royaume. Le maintien[6] de l'Etat ne peut donc se concevoir sans une organisation militaire efficace au sein de laquelle les troupes féminines jouent un rôle de premier plan.

Une Très Ancienne Institution

On ne connaît pas l'époque à laquelle furent créés les corps d'armées féminins, mais les recherches les plus récentes—en particulier celles de l'historienne béninoise Amélie Degbélo-Iroko—font reculer[7] dans le temps le moment de leur apparition.

L'impression des sources étonne au premier abord: la décision de réunir cette force armée devait être tellement révolutionnaire dans le contexte social du royaume d'Abomey, que la mémoire collective aurait dû logiquement en conserver la trace, ne serait-ce que pour justifier, devant la postérité, de l'existence d'une communauté de femmes marginales[8] pratiquant une activité normalement dévolue[9] aux hommes. Toutefois, cette absence de références «légales» s'explique mieux si les origines de l'institution ont été oubliées parce qu'elles étaient antérieures à la fondation même

du Danhomè qui aurait ainsi maintenu une pratique des anciens habitants du plateau d'Abomey.

L'information est plus sûre pour les périodes suivantes: on sait que des femmes-soldats danhoméennes existaient au tout début du XVIIIe siècle.

Elles participèrent activement aux luttes contre les Ouemenou (les riverains[10] du fleuve Ouemé) et contribuèrent à la victoire de leur pays, en 1708. Par la suite, l'institution se perpétua[11] avec des temps forts et des périodes d'éclipse, selon les besoins de la politique expansionniste du Danhomè et l'état de ses forces militaires. Au XVIIIe siècle, si elles ne se mêlent pas effectivement à tous les combats, leur intervention est souvent décisive.

Des Guerrières et des Chasseresses

La fidélité de ces femmes-soldats se révèle á toute épreuve: en 1818, celles de la garde se font tuer, jusqu'à la dernière, pour défendre leur roi, Adandouzan, contre un complot qui réussit pourtant à le chasser du trône.

Est-ce leur loyalisme[12] qui impressionne Gézo, le bénéficiaire de ce coup d'Etat? Toujours est-il qu'il développera l'institution. Avec son règne, commence le véritable «âge d'or» de l'amazonisme danhoméen.

Si Gézo (1818–1858) n'eut pas le privilége de l'invention, comme le prétendent certaines traditions d'Abomey et, après elles, des auteurs africains et européens, il eut celui de l'organisation systématique des troupes, féminines dans le cadre d'une réforme générale de l'armée, indispensable pour répondre aux visées expansionnistes du royaume. Il institua le recrutement[13] périodique des amazones, les répartit[14] en groupes spécialisés, créa un corps de chasseresses distinct de celui des guerrières et préconisa[15], pour toutes, un entrainement intensif. Ses successeurs, Glèlè (1858–1889) et Béhanzin (1889–1894), poursuivront cette politique en développant et en modernisant l'institution.

Le nombre des amazones a varié selon les époques, atteignant un maximum de 6.000 en 1851, mais sans jamais descendre au-dessous de 2.500. Ce sont 4.000 femmes-soldats que Béhanzin oppose aux Français en 1890. Elles réprésentent donc entre 30% et 45% des forces armées en guerre, mais elles forment toujours plus de la moitié des effectifs militaires permanents et constituent 70% à 80% de la garde royale.

La guerre de conquête que la France engage contre le Danhomè, à partir de 1890, entraîne les troupes féminines dans la dernière étape de leur existence. L'armée du roi Béhanzin combat désormais pour la sauvegarde[16] du royaume et les guerrières jettent toutes leurs forces dans la lutte.

Mais elles succombent[17] devant un ennemi mieux armé. En quatre ans, le Danhomè perd son indépendance et, avec elle, disparaissent toutes les institutions qui avaient fait sa force.

Née pour servir les desseins d'un Etat libre, l'organisation des amazones ne survivra pas à la disparition de la liberté.

Adaptation d'un article de Balafon

VOCABULAIRE

1.	**assaut** *(m.)*	=	assault, attack
2.	**guerrière** *(f.)*	=	femme qui fait la guerre
3.	**apanage** *(m.)*	=	*privilege*
4.	**la traite négrière**	=	*slave trade*
5.	**palmiers à l'huile**	=	*palm oil trees*
6.	**maintien** *(m.)*	=	*maintenance*
7.	**reculer**	=	pousser en arrière
8.	**marginales**	=	en dehors de la société
9.	**dévolu**	=	réservé
10.	**riverain** *(m.)*	=	*river dweller*

11.	**se perpétuer**	=	faire durer
12.	**loyalisme** *(m.)*	=	fidelité à la couronne
13.	**recrutement** *(m.)*	=	*recruitment*
14.	**répartir**	=	partager, distribuer
15.	**préconiser**	=	recommander vivement
16.	**sauvegarde** *(f.)*	=	protection donnée par une autorité
17.	**succomber**	=	mourir

Exercice

Existent-ils des corps d'hommes ou de femmes élites dans l'armée américaine tels que les Amazones?

LE BURKINA FASO (EX HAUTE VOLTA)

9

Population   :   6.750.000
Superficie   :   274.200 km^2
Capitale   :   Ouagadougou
Langues parlées :   Français, langues africaines

PILOTER, UN RÊVE D'ENFANT VOLTAÏQUE

Quand il était enfant, Jean-Pierre Kondé voulait devenir pilote. Avec de la chance et aussi beaucoup de travail et de ténacité[1], son rêve s'est réalisé: il est le premier pilote voltaïque à avoir été recruté par la jeune compagnie Air Volta.

Lundi, huit heures du matin, à l'escale[2] de Bobo Dioulasso, la seconde ville de la Haute-Volta: dans le cockpit d'un «Fokker 28[3]» d'Air Volta, le chef pilote Jean-Pierre Kondé écoute les résultats des matchs de foot[4] du week-end, en buvant une tasse de thé.

Détente, un bref instant. Dehors, les techniciens s'activent[5] déjà autour de l'avion. La lumière des premiers jours de pluie découpe joliment chaque détail du paysage: un petit bâtiment ocre[6], «l'aéroport», une piste «en dur[7]» et une tour de contrôle, petite comme un jouet d'enfant. Du sol, une brume humide s'évapore lentement. La terre respire enfin, après une saison sèche qui s'est éternisée[8]. L'avion va bientôt repartir. Dans l'aéroport, c'est l'heure fébrile[9]. Les porteurs se bousculent[10], les enfants se chamaillent[11], les sacs s'entassent[12], et les passagers se pressent.

Jean-Pierre, lui, est détendu[13]. Il échange des poignées de mains[14] bien sonores et des blagues[15] avec ses amis techniciens. On se passe également des lettres pour les parents. Puis, longuement, Kondé fait le tour de son appareil, pour les vérifications d'usage. A peine a-t-il rejoint son poste de pilotage que les passagers grimpent dans l'avion, au pas de course.

Bobo, une Escale Comme les Autres?

Pour Jean-Pierre, Bobo Dioulasso n'est pas tout à fait une escale comme les autres. Il est né dans cette région, «la Volta Noir», et il y a rencontré sa

femme, Pauline. A Bwaba, son village natal, il chantait, avec les gosses de son âge: «Pangassin man malio ma Le Yo san me lerewa...», une chanson en bobo[16].

De Bwaba à Dallas, de la tradition orale bobo au brevet[17] de pilote de ligne américain, l'histoire de Jean-Pierre Kondé me fascine, parce qu'elle relie deux mondes avec harmonie. Dans sa vie professionnelle, Jean-Pierre Kondé est un commandant de bord classique. «Les super-hommes, les génies, ça n'existe pas dans notre métier—dit-il—il n'y a que des gens qui font leur travail très sérieusement.» Après 8.000 heures de vol, des qualifications, du Canada jusqu'en Suède, Jean-Pierre pilote aujourd'hui un «jet», un Fokker 28, et instruit à son tour les onze pilotes d'Air Volta.

En privé, il revêt le boubou[18] traditionnel et ses centaines de «cousins» sont toujours bien reçus chez lui car son métier n'a pas gâché son sens de la solidarité. En fin de semaine, lorsqu'il ne vole pas, il joue prudemment[19] au football avec des amis, ou les retrouve autour d'une table de belote,[20] cette réunion informelle où l'on palabre[21] tranquillement.

La famille Kondé était catholique, religion qui parfois l'opposait aux coutumes bobo, sans pour autant qu'elle se détourne des traditions. «Certaines de mes tantes, dit Jean-Pierre, se sont mariées huit fois, car chez nous, les femmes sont très libres. Leur seule tâche: la cuisine. Et lorsqu'elles n'étaient plus contentes de leur mari, elles disaient comme il m'a fait ça, au premier chant du coq, je m'en vais!»

Dans leur famille proche, le petit Kondé et ses six frères et sœurs entendent aussi des témoignages sur la péroide coloniale. «Mes oncles, dit le chef pilote d'Air Volta, s'étaient en effet vraiment battus contre la pénétration européenne, et leurs parents aussi car les Bobos sont des guerriers.» Autre souvenir: un matin à l'école, le drapeau français a été descendu sans la Marseillaise. A sa place, un nouveau drapeau a été monté: le drapeau voltaïque. C'est l'indépendance, à Bwaba, vue par un enfant.

Le déménagement familial à Ouagadougou est davantage présent dans la mémoire de Jean-Pierre, car il représente son premier voyage.

C'est au lycée technique de la capitale où il passera son bac[22] mathématiques techniques, que le jeune Kondé projette[23] de devenir aviateur. Mais sa famille accueille mal cette vocation: «à la fin des années soixante, explique Jean-Pierre, mes parents pensaient que l'avion était pour des Blancs». A sa mère qui s'inquiète («les avions, ça tombe», dit-elle) Jean-Pierre raconte qu'il sera ingénieur. Mais en cachette[24] il postule[25] pour une

bourse de l'Organisation de l'Aviation Civile Internationale (OACI). Et l'obtient. Il passe le test des vols avec succès. Puis s'envole pour la Belgique.

En juin 1973, Jean-Pierre Kondé devient le premier pilote voltaïque d'Air Volta. En théorie, du moins, car durant six mois, il ne volera pas. Pourtant les avions sont là. Mais le chef pilote d'alors, dont la mentalité est rétrograde[26], avait dit au ministre «votre nouveau pilote ne vaut rien». Et à Jean-Pierre: «changez de métier».

Jean-Pierre ne part pas battu. A la suite de ses nombreuses démarches[27], en 1974, le ministre demande à l'OACI le rapport du stage de Jean-Pierre. Non seulement ce rapport est bon, mais l'OACI menace: «Tant que vous ne ferez pas voler M. Kondé, nous n'accorderons plus de bourse à des Voltaïques». Dès lors, l'ancien chef-pilote d'Air Volta a perdu la partie: Jean-Pierre s'installa enfin aux commandes.

Avec sa famille, Jean-Pierre Kondé habite une petite maison dans la zone du «Bois» à Ouagadougou. Une maison sans prétention. Comme il est souvent parti, c'est surtout à sa jeune femme, Pauline, qu'incombe[28] la tâche d'élever leurs deux enfants; Armand Patrick (3 ans) et Nadia Julie (8 mois). Pour ne pas attendre perpétuellement son mari, Pauline a repris ses études d'économie. De plus, cette année elle passera son permis de conduire. Leurs vacances en commun sont rares: le pilote se libère seulement trois jours d'affilé[29] par mois et ses quatres semaines de congés annuels sont souvent consacrés à des stages professionnels. Son épouse comprend très bien la situation car, dit-elle: «la concurrence[30] est dure»...

Comme la plupart des ménages africains, les Kondé n'utilisent qu'une partie de leurs revenus pour leurs besoins propres, car une part non négligeable est consacrée à la «famille» au sens large du terme. Beaucoup d'amis et des parents défilent chez eux. On parle bobo avec les cousins. Les enfants jouent dans la rue, où ils apprennent les dialectes bissa ou le dioula avec les gosses[31] du voisinage. «Parfois, je ne comprends plus ce que m'a dit Armand Patrick», me confie Jean-Pierre en souriant. Pauline reçoit tout le monde, cuisine superbement, et son couscous, en particulier, est un vrai régal. Toute leur bande d'amis, Jean-Clément, Joachim, Fatimata, Jo, Naser, Jean et Noel, boit de la bière «Bravolta», joue à la belote et écoute à la radio les résultats de foot. C'est la fin de la semaine et Jean-Pierre se détend chez lui, en attendant un vol vers Lomé[32] ce soir tard. Dans le salon, le téléphone sonne. A l'autre bout du fil, une petite voix demande:
«Je suis bien chez Kondé Jean-Pierre?
—Oui.
—Silence...
—C'est toi, Kondé Jean-Pierre?
—Mais oui, c'est moi... Que veux-tu?
—Je suis en 4e[33] à l'école... Comment devient-on pilote?»

Adaptation d'un article de Balafon

VOCABULAIRE

1. **ténacité** *(f.)* = attachement à une idée
2. **escale** *(f.)* = un arrêt d'avion
3. **Fokker 28** = type d'avion
4. **foot** *(m.)* = *soccer*
5. **s'activer** = s'agiter
6. **ocre** = *ochre*
7. **en dur** = en matériau dur
8. **s'éterniser** = rester longtemps
9. **fébrile** = nerveux
10. **se bousculer** = pousser en tous sens
11. **se chamailler** = se battre
12. **s'entasser** = multiplier, s'accumuler
13. **détendu** = calme
14. **une poignée de main** = *handshake*
15. **blague** *(f.)* = *joke*
16. **bobo** = une langue africaine de Burkina Faso
17. **brevet** *(m.)* = diplôme
18. **boubou** *(m.)* = vêtement *(African robe)*
19. **prudemment** = avec prudence
20. **belote** *(f.)* = jeu de cartes
21. **palabrer** = bavarder
22. **bac** *(m.)* = baccalauréat
23. **projeter** = vouloir faire
24. **en cachette** = en secret
25. **postuler** = demander
26. **rétrograde** = opposé au progrès
27. **démarches** = applications
28. **incomber** = reposer sur
29. **d'affilé** = de suite
30. **concurrence** *(f.)* = *competition*
31. **gosse** *(m., f.)* = enfant
32. **Lomé** = capitale de Togo
33. **4e** = classe du lycée

Exercice

De quel métier avez-vous rêvé étant petit? Expliquez.

LA CÔTE D'IVOIRE

Population	:	9.500.000
Superficie	:	322.462 km^2
Capitale	:	Abidjan/Yamoussokro
Langues parlées	:	Français, langues africaines

10

LES BOÎTES DE NUIT D'ABIDJAN, LA FIÈVRE DU SAMEDI SOIR

Samedi 15 juin. La soirée n'est pas pluvieuse. Pendant que les musulmans veillent pour la Nuit du Destin[1], nous nous amusons à faire la ronde des boîtes de nuit d'Abidjan. A tout Seigneur, tout honneur, nous commençons par Treichville, «La Belle des Nuits».

22h40 Treich-Cancan: pas superstitieuse, mais...
    Les lieux sont bien gardés. Trois cerbères[2] nous accueillent à la porte. Ensuite, la patronne Mme. Trillo nous offre un gentil sourire avant de nous proposer à boire. Une petite question: «Comment ça marche, Madame?» elle se lance, à une vitesse extraordinaire: «Nous sommes conjoncturés[3]. J'aimerais qu'il y ait beaucoup plus de monde, surtout des nationaux.»
    En 1962, la boîte s'appelait «Jour et Nuit»; M. et Mme. Trillo l'ont re-baptisée «Treich-Cancan» dans un décor négro-africain qui porte l'Afrique au milieu de la piste de danse[4]. L'esprit du personnel s'est aussi africanisé.
    Consommation[5]: Boissons sans alcool: 2.500F.* Alcools: de 2.800 à 3.000F.

22h55 Le Ranch: comme à la Boule Noire.
    James Anobil! Le sorcier de la batterie[6] à la «Boule Noire» dans les années 70. «Ah! vous vous cachez ici.» James Anobil a perdu la gloire mais pas l'amour de la musique. Il gère[7] «Le Ranch», depuis 1981, mais: «C'est vraiment dur, avec la saison des pluies, le temps du carême[8], rien ne marche.» Un couple se trémousse[9] sur la piste et cinq autres viennent d'entrer.

---

*100 CFA francs = 1 franc français

Consommation: 2.500F, vendredi et samedi—1.500F les autres jours.

23h35 2001: Tshala Muana, Coucou la revoilà!

La boîte vit au rythme des Kassav, du Bongo-Star et du Makossa[10], mais c'est le dernier tube[11] de Tshala Muana qui nous accueille au 2001; malgré son appellation, l'établissement n'a rien d'avant-gardiste. Personne sur la piste de danse; mais pas de panique, 2001 n'a été reaménagé que le 1er juin.

Consommation: Boissons sans alcool: 1.500F—Alcool: 2.000F.

0047 Canne à sucre: Simon... comme notre ami.

Simon, notre ami (le chauffeur) tenait absolument qu'on visite La Canne à sucre. Il a eu raison: le patron est son homonyme et, en plus, la boîte marche très fort[12].

Simon (le patron) nous accueille rapidement et va souffler dans son saxo. L'orchestre est super. Mais pendant l'interlude, on joue aussi les Kassav, Alpha Blondy, Kemayo[13] et les variétés américaines (funky et disco).

Consommation: Tarif unique, 2.500F. Depuis deux semaines, il est porté à 3.000F.

00h51 Chez Zorba: attention, chien pas méchant.

Chez Zorba «El Greco», le patron est Grec (comme son nom l'indique), sa femme, une Marocaine; son homme orchestre, un Sénégalais qui joue du tout, même du Louis Armstrong; son cerbère, un vrai chien gros et noir; ses clients viennent de tous les horizons. Hélas, «ça marche pas très fort, en ce moment», chez Zorba, El Greco.

Consommation: Alcool: 2.500F, bière et jus de fruits: 1.500F.

2h37 Le Millionnaire: Aboisso, Bassam et Consorts.

«Le Millionnaire» est une «discothèque à caractère africain», où l'on écoute du makossa, du soukouss, de la salsa[14] mais surtout de la musique antillaise avec les Kassav «qui marchent très fort actuellement».

«Le Millionnaire» a une clientèle triée sur le volet[15], surtout les «cadres ivoiriens responsables» et 10% d'Européens.

L'éclairage est tamisé[16]. A l'intérieur des murs se trouvent des cadres avec des statuettes. Chaque cadre porte le nom de quelques villes de la Côte d'Ivoire: Aboisso, Bassam, Korhogo...

Consommation: 2.500F pour les abonnés au Club—3.000F pour les autres.

3h50 Jazz Hot-Club: un méchant «pot» d'abord.

Tony transpire[17] le jazz. Il est seul en piste avec quelques fidèles. Tous les clients sont partis. Sur la platine[18], tourne un disque de J. J. Johnston. C'est du jazz, naturellement! Ici, on n'écoute que du jazz, en priorité. «Il n'était pas normal qu'une grande métropole ne possède pas un endroit où les amateurs de jazz puissent se retrouver.» Alors, Tony Kouassi a ouvert

le Jazz Hot-Club qui, à l'origine, n'était ouvert qu'aux ingénieurs, aux avocats, aux architectes... ayant un dénominateur commun: l'amour du jazz.

Quand Tony Kouassi se met à parler du jazz, on ne peut plus l'arrêter. Il croit que «la musique ivoirienne ne marche pas», qu'il n'y a pas d'instrumentistes de qualité. «Mon objectif, en créant ce club, est d'amener les jeunes à devenir d'excellents instrumentistes en écoutant le jazz. Car, il n'y a que dans ce genre qu'on rencontre les meilleurs instrumentistes de toute l'histoire de la musique contemporaine.» Tony Kouassi continue sur le Be-Bop de l'époque des années 50, le style de New-Orleans avec Louis Armstrong, le Middle-Jazz avec Duke Ellington...

Consommation: 2.000F, tarif unique. Fermé le lundi.

4h30: Bonsoir Tony... Au revoir Sangho... Au revoir Simon, ramène la voiture au journal. Bonsoir toute le monde et à lundi matin au journal, s'il plaît à Dieu...

Adaptation d'un article d'Ivoire Dimanche

VOCABULAIRE

1.	**La Nuit du Destin** =	fête musulmane
2.	**cerbère** *(m.)* =	gardien sévère (allusion au chien à 3 têtes qui garde l'enfer dans la mythologie grecque)
3.	**conjoncturés** =	*Ivoirian expression referring to those unemployed by the economic recession*
4.	**la piste de danse** −	là où l'on danse
5.	**consommation** *(f.)* =	prix des boissons
6.	**batterie** *(f.)* =	*drums*
7.	**gérer** =	administrer
8.	**carême** *(m.)* =	*lent (in this case the Moslem Ramadan)*
9.	**se trémousser** =	agiter
10.	**Kassav, Bongo-Star, Makossa, Tshala Muana** =	musiciens, chanteurs africains
11.	**tube** =	*(argot)* disque
12.	**marche très fort** =	*(fam.)* il y a beaucoup de monde
13.	**Kassav, Alpha Blondy, Kemayo** =	musiciens africains
14.	**makossa, soukouss, salsa** =	types de danses africaine et antillaise
15.	**triée sur le volet** =	*selected through the peek-hole*
16.	**tamisé** =	*softened, subdued*
17.	**transpirer** =	*perspire*
18.	**platine** *(f.)* =	*needle*

LE PAPE EN AFRIQUE

Il y a des pays où le pape ne fait pas recette[1]. Tel n'est pas le cas en Afrique.

A chaque tournée africaine de Jean-Paul II, partout ou presque, la foule est au rendez-vous, tous âges et religions confondus: drapeaux, banderoles[2], vivats[3], mains dressées, brandissant crucifix et autres objets de piété. Une vraie liesse[4]...

Jean-Paul II aime l'Afrique—ses hommes plus que son climat qu'en bon homme du Nord il a du mal à supporter. Ce qui le séduit chez eux? Le sentiment qu'ils ont d'être rattachés au monde surnaturel[5], le respect rigoureux de la vie, le sens de la communauté et du partage, la capacité de

résoudre les conflits en recourant[6] au dialogue. Encore une fois, le Saint-Père abordera les sujets qui lui tiennent à cœur: la nécessaire indépendance (l'Afrique aux Africains), la défense de certaines valeurs traditionnelles (dont la famille), la situation des réfugiés, la famine... Dans les propos, les gestes, il y aura sûrement beaucoup de compassion et de chaleur humaine. Et après?

Homme de cœur, Jean-Paul II est aussi un homme de fer. Son extraordinaire capacité d'écouter ne l'empêche pas de trancher de façon abrupte sur de nombreux problèmes touchant la foi et les mœurs. Au point de faire apparaître parfois ses décisions ou ses consignes[7] comme inhumaines.

C'est cet homme complexe, à la voix chaude, au contact facile, aux certitudes[8] tranquilles, à la tête d'une énorme machine appelée Vatican, qui va pour la troisième fois, rendre visite à une Afrique chère à son cœur et consacrer l'une des plus grandes églises de ce continent, la cathédrale d'Abidjan.

Une Cathédrale de l'An 2000*

«L'Afrique, ça? Mais c'est Manhattan!» murmure, saisi, le voyageur débarquant pour la première fois à Abidjan devant ces magnifiques buildings super-modernes aux materiaux nobles, marbre, acier, verre, s'élançant vers

---

*La cathédrale était inaugurée en 1987 par le pape.—*ed.*

le ciel comme des fusées[9]. Saisissante, une dernière création vient dominer l'ensemble: une banque, un building d'affaires, un musée, un ministère? Non. Une cathédrale aux dimensions gigantesques. Dotée[10] d'une architecture révolutionnaire, c'est une fantastique projection vers le ciel.

L'histoire de cette sculpture géante a commencé en 1981. Dans une ambiance passionnée, survoltée[11], Jean-Paul II faisait une visite en Côte d' Ivoire et le président, Félix Houphouët-Boigny, a annoncé la construction d'une immense cathédrale pouvant contenir 4.700 fidèles. Il est vrai que, pour les 400.000 catholiques, il n'existe dans la capitale économique que quelques petites églises de quartier, dont celle, la plus vaste, consacrée à Saint-Paul, dans le secteur chic de Cocody.

En présence d'une foule énorme, la première pierre était bénie[12] par le pape qui reviendra, événement exceptionnel, inaugurer solennellement la cathédrale.

Adaptation d'une article de Jeune Afrique Magazine

VOCABULAIRE

1.	**ne pas faire recette**	=	ne pas avoir du succès
2.	**banderole** *(f.)*	=	streamer
3.	**vivats** *(m.)*	=	cheers
4.	**liesse** *(f.)*	=	joie collective
5.	**surnaturel**	=	qui dépasse les forces de la nature
6.	**recourir**	=	se servir de
7.	**consigne** *(f.)*	=	instruction formelle
8.	**certitude** *(f.)*	=	conviction
9.	**fusée** *(f.)*	=	rocket
10.	**doter**	=	to endow
11.	**survoltée**	=	electrique
12.	**bénir**	=	appeler la protection du ciel

Exercices

1. Tenez un journal d'une visite réelle ou imaginaire des boîtes de nuit de votre ville.

2. Ecrivez un article pour un journal imaginaire décrivant le retour du pape pour l'inauguration de la cathédrale d'Abidjan.

LA GUINÉE

Population : 5.300.000
Superficie : 248.857 km^2
Capitale : Conakry
Langues parlées : Français, langues africaines

11

LE MONDE AMBIGU DES GRIOTS

Dans certaines régions d'Afrique noire, il n'existe pas de musiciens professionnels: la musique, qui fait constamment partie de la vie, est pratiquée
par toute la communauté à la fois, et il est rare qu'un individu, même plus
talentueux que les autres, fasse de cet art collectif un métier. C'est notable
dans la plupart des sociétés traditionnelles vivant dans cette partie du continent que l'on pourrait appeler «l'Afrique de la forêt».

Dans les régions de la savane[1], on reconcontre souvent des hommes et des
femmes spécialisés dans l'art musical enrichi de toute la tradition orale. Au
Tchad, au Nord-Cameroun, dans le Nigeria septentrional[2], au Mali, au Niger, au Sénégal, en Guinée, comme en Haute-Volta ainsi que dans une
grande partie de la Sierra Leone, du Liberia, de la Côte d'Ivoire ou du
Bénin, la musique est souvent l'apanage[3] de castes de professionnels connus depuis longtemps sous la dénomination de *griots*. Il n'est évidemment
pas interdit à tout un chacun de s'exprimer musicalement s'ils en caressent
le désir, mais le patrimoine de toute la communauté, au double plan de la
musique et de la tradition orale, est confié à des griots. La musique se trans-
met des plus vieux aux plus jeunes dans leurs familles, ou castes, portant
des noms propres comme Mamadi, Dioubaté, ou Diabaté, Kouyaté, Sory,
etc.

Un Troubadour

Mais, qu'est-ce qu'un griot?

Il ne s'agit pas d'un simple «sorcier africain»—bien que le griot puisse
quelquefois être dans le secret de la sorcellerie et se spécialiser dans l'in-
vocation des esprits, des génies et tous êtres surnaturels dont il chante les
louanges[4] afin d'obtenir leur pardon, leur protection ou simplement leur
bienveillance.

En réalité le rôle du griot dans la société va, bien au-delà de la magie. Son activité concerne la vie africaine dans son ensemble. Des voyageurs européens qui l'ont rencontré n'ont généralement pas bien compris ce que le griot représente dans la société africaine. Ils ont souvent porté sur lui un jugement hâtif, la plupart du temps erroné[5]. L'écrivain Pierre Loti, dans son *Roman d'un Spahi*, termine ainsi sa description des griots: «Les griots sont les gens du monde les plus philosophes et les plus paresseux. Ils mènent la vie errante[6] et ne se soucient jamais du lendemain.» Sentence d'une charité discutable, qui a le mérite de situer le griot dans le temps.

Il n'est pas intéressé par le lendemain mais par le passé: l'histoire de son peuple, de ses rois et de ses ancêtres, la généalogie de ses grands hommes, la philosophie de ses sages, la morale de son esprit, la générosité de son âme, la devinette[7] qui torture l'esprit afin de le mieux nourrir, le proverbe lancé à l'ombre d'un manguier[8] géant, rappelant que tout, ici-bas, passe comme le temps lui-même.

Le griot d'Afrique occidentale est un troubadour, une sorte de ménestrel[9] comparable à ceux du Moyen-Age européen.

Son répertoire, extrêmement riche et varié en raison des innombrables sujets abordés, est constitué de pièces de circonstances s'appliquant notamment aux mariages, aux baptêmes, à diverses grandes fêtes collectives, et même aux enterrements. Les chants de louanges constituent une partie très importante de ce répertoire. Certains d'entre eux sont préparés d'avance, et ressemblent à des moules[10] presque immuables[11] dans lesquels sera inséré, le moment venu, le nom de tel ou tel bienfaiteur. Du fait qu'il paie celui-ci a automatiquement droit au titre de «maître» ou de «seigneur». On craint toujours de lésiner[12] sur le prix à payer, de peur de la réputation d'avarice que le griot mécontent ne manquerait pas de faire naître et de diffuser, sans compter d'autres médisances ou calomnies.

Tout le monde admire le griot pour ses talents d'orateur, ou pour sa très grande virtuosité instrumentale dont il se sert. Cette virtuosité est acquise au cours de longues années de travail et d'études sous la direction d'un maître: le père, ou bien un oncle.

Ce métier de griot n'est pas réservé aux hommes: il existe des femmes-griots (certains les appellent des griottes) chantant et jouant de la musique remarquablement.

Malgré leurs talents souvent extraordinaires et malgré l'admiration quasi générale qu'ils suscitent, les griots restent peu estimés pour eux-mêmes. Toujours craints car ces musiciens connaissent des secrets sur tout le monde et aussi très souvent méprisés, les griots se trouvent presque tous au dernier rang de la hiérarchie sociale, comme les cordonniers, les tisserands[13], les forgerons.

Ce mélange d'admiration et de mépris suit le griot tout au long de son existence. Cette attitude fait curieusement penser à Esope, fabuliste[14] grec de l'Antiquité. Expliquant pourquoi il considerait la langue comme la meilleure et la pire des choses à la fois, il répondit: «...Si, d'un côté, elle loue des dieux, de l'autre, elle est l'organe du blasphème et de l'impiété» Le griot d'Afrique noire, dont la langue encense et vitupère tour à tour, semble donner entièrement raison au fabuliste.

Adaptation d'un article de Balafon

VOCABULAIRE

1.	**savane** *(f.)*	=	prairie de hautes herbes dans la zone tropicale
2.	**septentrional**	=	du côté du nord
3.	**apanage** *(m.)*	=	*(ici, fig.)* spécialité
4.	**louanges** *(f.)*	=	praise
5.	**erroné**	=	faux, inexact
6.	**errant**	=	nomade
7.	**devinette** *(f.)*	=	*riddle*
8.	**manguier** *(m.)*	=	arbre qui produit les mangues, fruits tropicaux *(mango tree)*
9.	**ménestrel** *(m.)*	=	poète musicien qui chante ses vers
10.	**moule** *(m.)*	=	*(ici)* formule
11.	**immuable**	=	inchangeable
12.	**lésiner**	=	*to skimp*
13.	**tisserand** *(m.)*	=	ouvrier qui fabrique des tissus
14.	**fabuliste** *(m.)*	=	auteur qui compose des fables

EXILÉS GUINÉENS, L'IMPOSSIBLE RETOUR

Existe-t-elle donc, cette «loi du retour» pour les deux millions d'exilés guinéens? Le 26 mars 1984, Sékou Touré s'éteignait et avec sa mort se dissipait la peur et s'ouvraient les portes de l'enfer—celles des camps d'extermination de Boiro et d'ailleurs. Pour tous ceux qui, contraints et forcés, clandestinement ou parce qu'ils décidèrent un jour de ne plus rentrer au pays, avaient choisi les chemins de l'exode[1] venait le temps des remises en cause et des tentations irrésistibles. Revenir, revoir la famille, les parents? Oui, bien sûr, mais après? Il avait bien fallu vivre à l'extérieur, s'installer dans autre chose que du provisoire: comment quitter cela? Et puis ce pays, leur Guinée, était-elle prête, psychologiquement et surtout économiquement, à les recevoir sans traumatisme, sans réaction de rejet? Enfin et surtout, quelle sera la place, toute la place, qui sera demain réservée aux Guinéens de l'extérieur, Guinéens à part entière, afin que ce pays tourne définitivement la page du passé sans pour autant l'oublier?

Leur Exil ne Fut Jamais un Royaume

Voie ferrée[2] du rapide Abidjan-Bobo Dioulasso: un homme hagard suit les rails du chemin de fer. Des gens lui courent après, le supplient de revenir, mais il leur échappe. Il arrache un à un ses vêtements et court, court, court encore. Il est nu à présent. Haletant[3], il se parle à lui-même: «Je veux retourner à Kankan, je veux revoir Kankan», répète-t-il désespérément. Mais il n'a plus de forces. La « Gazelle» arrive. Alors, dans un élan foudroyant, il s'élance au-devant du train, bras écartés, et reçoit la locomotive de plein fouet[4]. Ce Guinéen ne reverra plus son pays natal.

Paris. Dans un restaurant chinois de la place des Ternes. L'homme, la cinquantaine, chantonne: «L'exilé partout est seul, partout est seul.» Ce refrain, il le répétera trois fois, tout bas, avec une intense émotion, comme pour lui-même. Il se verse un verre de vin, chantonne à nouveau, s'interrompt brusquement et me dit: «Les deux millions et demi de Guinéens qui ont dû quitter leur pays ont été, pour la plupart, humiliés un peu partout.»...

«Je suis parti il y a 10 ans», raconte Mohamed, 29 ans. «J'étais étudiant. Fils de détenu politique, on avait l'œil sur moi.» En cachant son identité, il s'arrange avec un transporteur de la ville et s'enfuit par camion. Déguisé et méconnaissable. «Ce qu'il a fallu faire! Pas de voiture pour la Côte d'Ivoire à cause de la saison des pluies. Sept jours à pied.» Malheureusement, arrivés à la frontière, ordre avait été donné par les autorités ivoiriennes de renvoyer tous les étudiants. «J'ai eu de la chance. Le préfet, sachant qui j'étais, a accepté de me laisser passer. Mes neuf mois ā Abidjan m'ont permis de me remettre à jour, car mon niveau n'était pas bon. Puis j'ai obtenu passeport et billet d'avion et, depuis, je vis à Paris.»

Mais, pour un de sauvé, combien ont raté le coche! Bon nombre de cadres guinéens en savent quelque chose. La plupart d'entre eux sont restés dans les pays limitrophes[5], sous-utilisés ou carrément sans emploi. «Beaucoup de diplômés se sont retrouvés au chômage», explique l'historien guinéen Ibrahima Baba Kaké. «Certes, parmi ces gens, quelques-uns ont réussi à se recaser[6], mais beaucoup ont eu d'énormes difficultés.»

Et les autres, tous les autres, ceux qui n'avaient past fait d'études? Ces paysans, ces ouvriers, ces petits commerçants qui, eux aussi, avaient quitté le pays, ces petits «dioulas», de quoi ont-ils pu vivre? Il suffit de visiter certains quartiers d'Abidjan—Koumassi par exemple—, ou la Medina de Dakar, ou le Potopoto de Brazza où l'on parle malinké et soussou, ou le quartier Matongi à Kinshasa, pour se rendre compte que moins du cinquième des exilés y vit décemment: petites boutiques, petits trafics. Les plus aisés, heureusement, aident un peu les plus démunis[7]. Les paysans, entassés[8] les uns sur les autres, sont boys, plantons[9], ou rien du tout.

Une histoire courait à Abidjan dans les années 1975–1976, alors que Sékou Touré était au sommet de sa puissance: un exilé débarque à l'aérodrome Port-Bouët avec un passeport canadien. Les policiers lisent: «Lieu de naissance: Conakry. Et vous avez un passeport canadien?» s'étonnent-ils. «Incroyable! Tantôt le Guinéen est sénégalais, tantôt il est américain, ivoirien, malien. Aujourd'hui, le Guinéen est même canadien. Le Guinéen est très fort!»

Mars 1984: mort de Sékou. On peut imaginer les vertiges[10], les coups au cœur, les espoirs, les tentations irrésistibles de départs immédiats, pour voir, après tant d'années... Pour respirer, sentir, fouler au pied cette terre qui, transformée par le rêve et les souvenirs depuis tant d'années, était devenue un mythe.

«Douze ans d'absence et j'arrive enfin» raconte M.... «On m'avait bien décrit l'état de délabrement du pays, mais la réalité dépassait tout ce que j'avais pu imaginer. Ce hangar qui servait d'aéroport, sans accueil, cette queue interminable. Il fallait repérer seul ses bagages parmi des centaines d'autres, au milieu des pleurs des parents, dans la cohue[11], la chaleur, l'émotion qui brouillait la vue. Et puis, ces nouveaux visages, ceux de mes petits frères qui avaient grandi sans moi ou étaient nés après mon absence. C'était bouleversant! Sans oublier cette impression terrible de dégradation. M.... parle aussi des compensations: les retrouvailles avec les amis d'enfance, la bière qui coule à flots... et puis le plaisir de voir cette nouvelle génération de jeunes, paradoxalement grande, bien bâtie, différente. La première nuit où la maison était remplie de voisins. Le nom d'Allah était sur toutes les lèvres, avec cette phrase, indéfiniment répétée: «Il valait mieux fuir que périr.»

Le retour! Il pose d'autres questions, insolubles pour l'instant.... Beaucoup parlent de la pénible impression ressentie quelques jours après leur arrivée à Conakry. «On se sent agressés, pas vraiment accueillis. L'ambiance est à la méfiance polie, sous-entendue par des propos du genre «Vous repartez quand?», ou un vague «Vous pouvez compter sur nous» de la part d'un gouvernement dont aucun acte concret n'indique la volonté d'intégration des Guinéens de la diaspora, notamment des cadres.» Attitude normale, humaine dans l'esprit de ceux qui sont restés. Pour eux, il est injuste d'avoir tant souffert sous l'autre régime pour se voir ravir[12] les places qu'ils attendent depuis si longtemps...

Finalement, qui va rentrer en Guinée? «Sur le total des retours, les deux tiers quitteront leur pays d'accueil parce qu'ils y sont mal», affirme le professeur Baba Kaké. Le tiers restant? Il sera composé de ceux qui ont fait leur temps, qui ont économisé de l'argent, qui ne gêneront personne et qui veulent mourir chez eux: les retraités... Mais les exilés qui travaillent n'ont, à part les souvenirs et la famille, que peu de choses à faire en Guinée.

Devant cette alternative brutale, rester ou partir, le gouvernement guinéen envisage d'organiser des mini-retours «à la carte», avec l'aide d'organisations internationales. La Banque mondiale a mis sur pied un programme de transfert des connaissances par les nationaux émigrés. Par exemple, les professeurs qui enseignent aux Etats-Unis, en France, en Côte d'Ivoire ou au Sénégal pourraient ponctuellement aller donner des cours à l'université de Conakry: leur transport serait payé par la Banque et ils percevraient, non pas un salaire, mais des *per diem*. Seul le logement serait pris en charge par le gouvernement guinéen. Ces enseignants prépareraient ainsi progressivement leur réinsertion...

Les Guinéens semblent intéressés par cette idée. «Pour le restant de l'année 1985, je vais donner six semaines de cours» dit le professeur Baba Kaké, content de cet arrangement. «Et je viendrai avec ma famille.» La joie de ce retour, qui sera suivi d'autres, en dit plus long que bien des discours. Et cette joie, qui ne la comprendrait pas? L'appel de la terre natale, les liens qui moralement, spirituellement, physiquement n'ont jamais, pour personne, et malgré de si longues absences, été vraiment rompus. «On part à 20 ans, on retourne à 50, avec des enfants qui n'ont jamais connu le pays, une femme souvent étrangère, et on est aussi dépaysé qu'un Européen ou un Asiatique... La vraie solution, le gouvernement ne l'a pas encore trouvée. Il a le devoir d'accueillir décemment et de manière définitive ceux qui veulent apporter leurs compétences. Chaque citoyen a le droit de vivre et de mourir au pays de ses ancêtres.»

Adaption d'un article de Jeune Afrique

VOCABULAIRE

1. **exode** *(m.)* = départ en foule devant un danger
2. **voie ferrée** = voie de chemin de fer
3. **haletant** = essoufflé; à bout de forces
4. **de plein fouet** = direct
5. **limitrophe** = voisin
6. **recaser** = retrouver un travail
7. **démunis** = ceux qui n'ont pas assez d'argent
8. **entassé** = amassé
9. **planton** *(m.)* = un boy dans un bureau
10. **vertige** *(m.)* = sentiment d'un défaut d'équilibre
11. **cohue** *(f.)* = foule, multitude confuse
12. **ravir** = (ici, fig.) faire perdre

Camara Laye est né en 1928 à Kouroussa (Haute Guinée), d'un père orfèvre et forgeron. Elevé dans la réligion musulmane, il fréquente l'école coranique, puis l'école primaire française de Kouroussa, avant d'entrer au collège technique de Conakry. Reçu premier au certificat d'aptitude professionelle de mécanicien, il obtient une bourse pour se perfectionner au Centre-école de l'automobile d'Argenteuil. Il décide ensuite de continuer ses études à Paris et travaille aux usines Simca tout en suivant les cours du soir du Conservatoire national des Arts et Métiers. Après l'indépendance de son pays en 1958, Camara Laye—revenu en Guinée—sera nommé

diplomate au Ghana, puis au Libéria. Rappelé à Conakry, il y occupe plusieurs postes importants jusqu'en 1965. En désaccord avec le régime guinéen, Camara Laye s'est fixé au Sénégal. Il est mort en 1980.
Il a écrit L'Enfant noir qui a reçu le prix Charles Veillon en 1954.

L'ENFANT NOIR

Camara Laye

De tous les travaux que mon père exécutait[1] dans l'atelier, il n'y en avait point qui me passionât davantage[2] que celui de l'or; il n'y en avait pas non plus de plus noble ni qui requît[3] plus de doigté[4]; et puis ce travail était chaque fois comme une fête, c'était une vraie fête, qui interrompait la monotonie des jours.

Aussi suffisait-il qu'une femme, accompagnée d'un griot, poussât la porte de l'atelier, je lui emboîtais[5] le pas aussitôt. Je savais très bien ce que la femme voulait; elle apportait de l'or et elle venait demander à mon père de la transformer en bijou. Cet or, la femme l'avait recueilli dans les placers[6] de Siguiri où, plusieurs mois de suite, elle était demeurée courbée sur les rivières, lavant la terre, détachant patiemment de la boue la poudre d'or.

Ces femmes ne venaient jamais seules: elles se doutaient bien que mon père n'avait pas que ses travaux de bijoutier; et même n'eût-il que de tels travaux, elles ne pouvaient ignorer qu'elles ne seraient ni les premières à se présenter, ni par conséquent les premières à être servies. Or, le plus souvent, elles avaient besoin du bijou pour une date fixe, soit pour la fête du Ramadan, soit pour la Tabaski[7] ou pour toute autre cérémonie de famille ou de danse.

Dès lors, pour aider leur chance d'être rapidement servies, pour obtenir de mon père qu'il interrompît en leur faveur les travaux en cours elles s'adressaient à un solliciteur[8] et louangeur[9] officiel, un griot, convenant avec lui du prix auquel il leur vendrait ses bons offices.

Le griot s'installait, préludait[10] sur sa cora, qui est notre harpe, et commençait à chanter les louanges de mon père. Pour moi, ce chant était toujours un grand moment. J'entendais rappeler les hauts faits des ancêtres de mon père, et ces ancêtres eux-mêmes dans l'ordre du temps; à mesure que les couplets[11] se dévidaient[12], c'était comme un grand arbre généalogique qui se dressait, qui poussait ses branches ici et là, qui s'étalait avec ses cent rameaux[13] et ramilles[14] devant mon esprit. La harpe soutenait cette vaste nomenclature[15] la truffait[16] et la coupait de notes tantôt sourdes[17], tantôt aigrelettes[18].

Où le griot puisait-il[19] ce savoir? Dans une mémoire particulièrement exercée assurément, particulièrement nourrie aussi par ses prédécesseurs, et qui est le fondement de notre tradition orale. Y ajoutait-il? C'est possible: c'est métier de griot que de flatter! Il ne devait pourtant pas beaucoup malmener[20] la tradition, car c'est métier de griot aussi de la maintenir intacte. mais il m'importait peu en ce temps, et je levais haut la tête, grisé par tant de louanges, dont il semblait rejaillir quelque chose sur ma petite personne. Et si je dirigeais le regard sur mon père, je voyais bien qu'une fierté semblable alors l'emplissait, je voyais bien que son amour-propre était grisé[21], et je savais déjà qu'après avoir savouré ce lait[22], il accueillerait favorablement la demande de la femme. Mais je n'étais pas seul à le savoir: la femme aussi avait vu les yeux de mon père luire[23] d'orgueil[24]; elle tendait sa poudre d'or comme pour une affaire entendue, et mon père prenait ses balances, pesait l'or.

Extrait de L'Enfant Noir

VOCABULAIRE

1.	**exécuter**	=	faire
2.	**davantage**	=	plus
3.	**requérir**	=	demander
4.	**doigté**	=	dextérité
5.	**emboîter**	=	suivre
6.	**placer** *(m.)*	=	banc de sable
7.	**Ramadan... Tabaski**	=	fêtes musulmanes
8.	**solliciteur** *(m.)*	=	intérmediare
9.	**louangeur** *(m.)*	=	celui qui donne des compliments
10.	**préluder**	=	essayer un instrument
11.	**couplet** *(m.)*	=	verset
12.	**dévider**	=	dérouler
13.	**rameau** *(m.)*	=	petite branche d'arbre
14.	**ramille** *(f.)*	=	petit rameau, *twig*
15.	**nomenclature** *(m.)*	=	ensemble de noms
16.	**truffer**	=	remplir
17.	**sourde**	=	basse
18.	**aigrelette**	=	aiguë
19.	**puiser**	=	chercher
20.	**malmener**	=	falsifier
21.	**grisé**	=	enivré
22.	**après... lait**	=	après avoir entendu le chant du griot

23.	**luire**	=	briller
24.	**orgueil** *(m.)*	=	fierté excessive de soi-même

Exercices

1. Comparez le rôle du griot dans le texte de Camara Laye et dans l'article du *Balafon*.

2. Imaginez que vous êtes un griot. Présentez des versets sur un événement actuel.

3. Utilisant le texte de Camara Laye comme modèle, décrivez le travail de quelqu'un que vous connaissez.

4. Est-ce que vous connaissez un exilé? Comparez ses problèmes avec ceux des exilés guinéens.

LE MALI

Population : 7.700.000
Superficie : 1.240.000 km^2
Capitale : Bamako
Langues parlées : Français, langues africaines

12

TOMBOUCTOU

«Ville exquise, pure, délicieuse, illustre, cité bénie, plantureuse[1] et ani-mée...» Ainsi s'exprimait le chroniqueur Abderhaman Sâdi, auteur du «Ta-rikh es-Soudan», en célébrant vers 1630 sa ville de Tombouctou.

Près de quatre siècles ont passé, mais «Tombouctou la Mystérieuse», selon la formule lancée en 1896 par le Français Félix Dubois, continue de fasciner le monde. Dans les pays arabes, une expression populaire évoque une certaine Tombouctou, pays fabuleux, enfer ou paradis, mais qui n'ex-iste que dans l'imagination. Aux États-Unis, des clubs rassemblent les fi-dèles de Tombouctou: seule condition d'adhésion[2]: un cachet administratif apposé[3] sur le passeport, attestant le passage du candidat dans la légen-daire cité.

Un Rayonnement Universel

Car Tombouctou existe. On y accéda[4] d'abord à pied ou à dos de chameau, comme le firent des voyageurs célèbres, parmi lesquels le Tangérois Ibn Battûta (1353), le musulman converti au christianisme Léon l'Africain (de son vrai nom Hassan Ibn Mohammed El Wazzan Ez Zayatte) un siècle et demi plus tard, ou, plus près de nous, le major britannique Laing (1826) et le Français René Caillié (1828). Depuis, les moyens de communication ont évolué et, si les caravanes de chameaux affluent[5] toujours de Mauritanie, d'Algérie ou du Niger, le coquet[6] aérodrome accueille aujourd'hui des tou-ristes du monde entier.

Métropole des temps médiévaux, Tombouctou remonte donc aux pre-miers siècles de l'histoire écrite. Campement des nomades berbères du XIIe siècle qui rejoignaient ici le fleuve Niger à la saison sèche, l'endroit se dé-

veloppa grâce au commerce transsaharien. Les opinions divergent quant à l'origine de son nom. La plus connue, celle d'Es Sâdi formulée dans le «Tarikh es-Soudan», veut qu'une vieille femme appelée Bouctou ait été chargée de garder ici le puits des Touareg[7] en dehors des périodes de transhumance[8]: le campement devint Tin-Bouctou, le lieu ou le puits de Bouctou. Des historiens soutiennent encore que Tombouctou voudrait dire la «petite dune» et serait ainsi nommée du fait des mamelons[9] de sable qui l'entourent. Linguistes, traditionnalistes et historiens s'accordent néanmoins sur un point: l'origine berbère de la ville.

Le monument à visiter est la Mosquée qui fut construit par Djingareiber sur les fondations de la mosquée commandée par Kankan Moussa au XIVe siècle. Le style d'origine a été respecté. Dépouillé, robuste, couvert de terrasses en banko dont émerge la forme d'abord pyramidale puis conique d'un minaret hérissé[10] de pieux servant à l'entretien des murs. La mosquée trône[11] au sud-ouest de la ville, environné de bâtiments de la même veine. Massifs à la base, les murs s'effilent vers le haut, soutenus par des piliers[12] faisant corps avec[13] l'édifice et l'entourant. Peu d'ouvertures sur les façades, presque pas de fenêtres, sauf aux étages, mais en revanche de lourdes portes décorées d'énormes clous.

Un Indéfinissable Mystère

Séjour aristocratique depuis le XVe siècle, le quartier de la mosquée communique avec les autres par de larges rues, naguère[14] couvertes d'un fin gravier[15], aujourd'hui envahies par le sable. Au nord de la mosquée principale s'élève celle de Sankoré, que fit bâtir dans la première moitié du XVe siècle une vieille femme de Tombouctou: Sankoré abritait la Medersa[16], cette université qui valut au XVe siècle son rayonnement international à la cité. A l'époque, celle-ci comptait près de 100.000 habitants.

Vingt-cinq mille étudiants se répartissaient[17] entre l'université et les cent quatre-vingts écoles coraniques[18], provenant[19] de tout le monde musulman, ils venaient parfaire[20] leurs connaissances en théologie, en droit, en grammaire, mais aussi en matière de traditions, d'histoire et d'astrologie.

De cette ère[21] de gloire, la cité malienne n'a conservé que le souvenir.

Extrait du Mali Aujourd'hui

VOCABULAIRE

1.	**plantureuse**	=	abondante, fertile
2.	**d'adhésion**	=	de devenir membre
3.	**apposer**	=	mettre
4.	**accéder**	=	arriver à
5.	**affluer**	=	arriver en grand nombre
6.	**coquet** *(m.)*	=	qui a un aspect plaisant
7.	**Touareg**	=	nom d'un groupe de personnes africaines
8.	**transhumance** *(f.)*	=	migration périodique des troupeaux
9.	**mamelon** *(m.)*	=	*rounded hillock*
10.	**hérissé**	=	*bristling*
11.	**trôner**	=	*occupy a place of honor*
12.	**pilier** *(m.)*	=	*pillar*
13.	**faire corps avec**	=	devenir une partie de
14.	**naguère**	=	autrefois

15.	**gravier** *(m.)*	=	*gravel*
16.	**Medersa**	=	université islamique
17.	**se répartir**	=	se diviser
18.	**école coranique**	=	école où l'on étudie le Coran
19.	**provenant**	=	venant
20.	**parfaire**	=	perfectionner
21.	**ère** *(f.)*	=	époque

Exercice

Lisez l'article sur la ville de Marrakech (p. 47). Ensuite, comparez la description de la ville de Tombouctou avec celle de Marrakech.

LE NIGER

Population : 5.930.000
Superficie : 1.267.000 km^2
Capitale : Niamey
Langues parlées : Français, langues africaines

13

COLLECTIONNEZ

De très nombreux bijoutiers de l'Afrique de l'Ouest confectionnent[1], en or ou en argent, des croix d'Agadez. Elles doivent leur célébrité à leurs vertus secrètes de porte-bonheur[2]. Leur détenteur[3], dit-on, serait ainsi protégé contre le «mauvais œil». Néanmoins, la signification exacte de ce bijou touareg[4] reste mystérieuse. D'après certaines thèses, elle représenterait la constellation de la Croix du Sud, mais pour les autres, moins fantaisistes[5], ce serait un symbole sexuel. Evoquant d'une manière très stylisée les sexes de l'homme et de la femme, elle serait ainsi apparentée[6] à toute la symbolique phallique venue de Méditerranée et d'Orient. Mais si la croix d'Agadez est la plus connue, il reste que de nombreuses villes et villages du Niger ont aussi leurs propres pendentifs[7]: croix de Tahoua, de Bilma, de Zinder, d'Iferouane, etc.

Les Peignes

Bien qu'étant considérés comme d'humbles produits de l'artisanat, les peignes africains mériteraient quand même d'être replacés dans la catégorie des œuvres d'art. Notamment ceux où le talent du sculpteur s'est donné libre cours[8], soit en représentant des scènes de la vie quotidienne de manière réaliste (visages et personnages, et même véhicules!), soit qu'il ait joué de manière souvent très savante avec des motifs géométriques. Les plus beaux peignes sont en bois, en ivoire ou en cuivre[9] sculptés avec art. Quant aux peignes ordinaires, ils sont fabriqués avec des baguettes d'osier[10], assemblées avec de la paille ou des lacets[11], de plastique tressés[12]. Ces peignes ne manquent pas d'intérêt décoratif, surtout lorsqu'on en rassemble un certain nombre et qu'on les dispose avec goût sur un mur ou dans une vitrine[13]. Pour les acquérir il faut aller chez les brocanteurs[14] (marchés de

Ouagadougou, de Bobo Dioulasso, de Bamako, d'Abidjan, de Cotonou, de Lomé[15]) ou chez les antiquaires dans les galeries marchandes des grands hôtels.

Adaptation des articles de Balafon

VOCABULAIRE

1.	**confectionner**	=	faire
2.	**porte-bonheur** *(m.)*	=	*lucky charm*
3.	**détenteur** *(m.)*	=	*owner*
4.	**touareg**	=	groupe de personnes africaines
5.	**fantaisiste**	=	*whimsical*
6.	**apparenter**	=	lier
7.	**pendentif** *(m.)*	=	bijou suspendu
8.	**libre cours** *(m.)*	=	*free reign*
9.	**cuivre** *(m.)*	=	*copper*
10.	**osier** *(m.)*	=	*wicker*
11.	**lacet** *(m.)*	=	*lace*

12.	**tresser**	=	_braid_
13.	**vitrine** _(f.)_	=	fenêtre
14.	**brocanteur** _(m.)_	=	marchand qui vend des choses d'occasion
15.	**Ouagadougou, Bobo Dioulasso, Bamako, Abidjan, Cotonou, Lomé**	=	grandes villes africaines

Exercice

Est-ce que vous collectionnez quelque chose? Décrivez votre collection.

LE SÉNÉGAL

Population   :   6.400.000
Superficie   :   196.192 km^2
Capitale   :   Dakar
Langues parlées :   Français, langues africaines

Birago Diop est né à Ouakady, dans la banlieue de Dakar, en 1906. Après avoir fait ses études au Lycée Faidherbe de St. Louis et un an de service militaire, Diop est allé en France pour faire des études de vétérinaire. De retour au Sénégal après 5 ans en France, il exerça ce métier pendant plusieurs décennies à travers l'ancien A.O.F.* Diop est considéré comme le plus connu et le plus estimé des conteurs africains d'expression française. Ses contes montrent la société traditionnelle Wolof.

BOUKI PENSIONNAIRE

Birago Diop

Gayndé-le-Lion, rentrant de la chasse, avait rencontré Leuk-le-Lièvre. Il rapportait, ce jour-là, un gros cobaye[1], dont le poids l'avait obligé à se reposer, à plusieurs reprises, sur la sente[2] qui menait à sa demeure. Ils devisaient[3] à l'ombre d'un baobab[4] quand N'Djougoupe-la-Chauve-Souris, avec son rictus moqueur[5] et toujours malapprise[6], vint à voleter[7] à leur nez et à les agacer de ses ailes velues[8].

D'un coup de patte, Gayndé avait écrasé la chauve-souris et l'avait confiée à Leuk-le-Lièvre, qui fut ainsi obligé de rebrousser[9] chemin et de l'accompagner.

A quelques pas de la maison, gambadait[10] et folâtrait[11] Béye-la-Chèvre, encore plus mal élevée que N'Djougoupe-la-Chauve-Souris et qui avait entendu dire, par Thiope-le-Perroquet, que Gayndé-le-Lion hébergeait[12], dans sa demeure, Bouki-l'Hyène. Béye, dans sa tête petite et légère, en avait conclu que la paix devait être faite entre les animaux, si ce n'était entre gens et bêtes de la brousse[13].

---

*A.O.F. = Afrique Occidentale Française

Gayndé avait lâché son cobaye et, d'un bond, avait brisé les reins de Béye-la-Chèvre, qui était venue le narguer[14] jusque devant chez lui, pensait-il, car, ce jour-là, il avait laissé sa bonne humeur et sa longanimité[15] dans son lit en partant à la chasse au chant du coq.

Gayndé avait porté son cobaye dans sa cour. Il était revenu chercher Béye-la-Chèvre, qui râlait[16] encore. Et Leuk-le-Lièvre, portant la dépouille[17] de N'Djougoupe-la-Chauve-Souris, l'avait suivi et avait été joyeusement accueilli par les fils de Lion.

—Oncle Leuk! Sène! Sène!

—Où est Bouki? interrogea le père.

—Elle dort, firent les enfants.

—Allez me la chercher!

Et les lionceaux allèrent réveiller Bouki-l'Hyène, qui grommela[18], en nasillant[19], en s'étirant[20] et en se levant péniblement:

—Lane la? (Qu'y a-t-il?)

—Père t'appelle, expliquèrent les enfants.

—Encore? nasilla Bouki.

—Bouki! rugit[21] Gayndé-le-Lion du milieu de la cour.

—Nâm! (oui), répondit Bouki d'une voix pleine de sommeil, en bâillant[22], et nasillant et s'avançant lentement.

—Bouki! fit encore Gayndé.

—N'Diaye! répondit Bouki, un peu plus éveillée et se pressant[23] un peu plus.

—Partage-moi ce gibier! ordonna le maître de maison.

—Oui, N'Diaye!

Bouki regarda le cobaye, la chèvre et la chauve-souris et puis s'informa:

—Partager ce gibier?

—Oui, fais le partage, intima[24] Gayndé-le-Lion.

—Mais entre qui et qui? interrogea Bouki, tout à fait éveillée.

—Entre qui? Mais entre ceux qui sont dans cette maison, précisa Gayndé avec un peu d'impatience et d'énervement.

—Eh bien, N'Diaye, fit Bouki, à toi et aux enfants, je pense que ce cobaye est tout destiné. Il est assez gros et assez gras pour votre repas de la journée. Il y a longtemps que je n'ai pas goûté de viande de chèvre, celle-ci pourra parfaitement me convenir. Oncle Leuk, pour sa peine, emportera, chez lui, le cadavre de N'Djougoupe-la-Chauve-Souris, dont nous ne savons que faire avec ses oreilles pointues et ses grosses dents, et...

Bouki n'avait pas achevé de parler que la patte droite de Gayndé fulgura[25] et l'atteignit à la gueule, lui arrachant l'œil gauche, qui passa tout près du nez frétillant[26] de Leuk-le-Lièvre.

Et Bouki s'affala[27], tête fendue, et gueule ouverte.

—Oncle Leuk, appela Gayndé.

—N'Diaye! répondit Leuk-le-Lièvre.

—Partage-nous ce gibier!

—Bien N'Diaye! acquiesça Leuk. Je crois, N'Diaye! qu'à déjeuner, ce petit cobaye suffira à peine pour toi et les enfants, mais enfin nous sommes encore en période de disette[28] ou presque, N'Diaye!

«A dîner, vous pourrez vous contenter de Béye-la-Chèvre, qui est venue, jusqu'ici, s'offrir à toi. Ce sera juste, mais les petits, trop fatigués d'avoir joué toute la journée, n'auront certainement presque pas faim et ne mangeront pas beaucoup le soir.»

«Demain matin, avant de repartir à la chasse, car la journée sera chaude, cette chauve-souris pourra juste boucher le trou de ta vieille dent creuse, N'Diaye!»

—Et qui donc t'a appris à si bien faire un partage, Oncle Leuk? s'étonna Gaynдé-le-Lion.

Et Leuk-le-Lièvre d'expliquer:

—L'œil gauche de Bouki-l'Hyène, qui a frôlé[29] la pointe de mon nez!

Extrait de Nouveaux Contes d'Amadou Koumba

VOCABULAIRE

1.	**cobaye** *(m.)*	=	*large guinea pig*
2.	**sente** *(f.)*	=	chemin
3.	**deviser**	=	s'entretenir familièrement
4.	**baobab** *(m.)*	=	*baobab (arbre africain)*
5.	**rictus moqueur**	=	*mocking grin*
6.	**malapprise**	=	mal élevé
7.	**voleter**	=	voler à petites distances
8.	**velues**	=	couvertes de poils
9.	**rebrousser**	=	retourner en arrière
10.	**gambader**	=	*to leap, frisk*
11.	**folâtrer**	=	*to romp, frolic*
12.	**héberger**	=	recevoir chez soi
13.	**brousse** *(f.)*	=	*bush*
14.	**narguer**	=	braver avec insolence
15.	**longanimité**	=	*patience*
16.	**raler**	=	*to be in the throes of death*
17.	**dépouille** *(f.)*	=	le corps après la mort
18.	**grommeler**	=	murmurer entre ses dents
19.	**nasiller**	=	*to speak through one's nose*
20.	**s'étirer**	=	s'allonger
21.	**rugir**	=	*to rear*
22.	**bâiller**	=	*to yawn*
23.	**se presser**	=	se hâter

24.	**intimer**	=	ordonner
25.	**fulgurer**	=	*to flash like lightning*
26.	**frétiller**	=	*to wiggle*
27.	**s'affaler**	=	se laisser tomber
28.	**disette**	=	*scarcity*
29.	**frôler**	=	toucher légèrement en passant

Léopold Sédar Senghor est né à Joal, Sénégal en 1906. Fils d'une famille aisée, il a eu une enfance sans problèmes. Ses études se poursuivaient d'abord à Dakar, puis à Paris. A Paris, il s'est inscrit dans les classes préparatoires aux Grandes Écoles du lycée Louis-le-Grand. Là il serait étudiant avec Aimé Césaire de la Martinique, et Georges Pompidou, futur président de la France. En 1934, il collabore à la fondation de l'Étudiant Noir avec Césaire, Damas et autres. En 1935, il devient agrégé de grammaire (le premier d'Afrique noire). Senghor s'engage dans la politique. En 1945, il est élu député du Sénégal et il a publié son premier receuil Chants d'Ombre. Depuis, Senghor vit et la politique et la littérature. En 1960, Senghor était élu le premier président du Sénégal et il était à la tête du gouvernement du pays jusqu'en 1980 quand il a laissé la place à Abdou Diouf. Senghor a publié une œuvre vaste. En 1983 il est élu à l'Académie Française.

FEMME NOIRE

Léopold Sédar Senghor

Femme nue, femme noire
Vêtue de ta couleur qui est vie, de ta forme qui est beauté!
J'ai grandi à ton ombre; la douceur de tes mains bandait[1] mes yeux.
Et voilà qu'au cœur de l'Eté et de Midi, je te découvre, Terre promise, du haut d'un
    haut col[2] calciné[3]
Et ta beauté me foudroie[4] en plein cœur, comme l'éclair d'un aigle.

Femme nue, femme obscure
Fruit mûr à la chair ferme, sombres extases[5] du vin noir, bouche qui fais lyrique
    ma bouche
Savane[6] aux horizons purs, savane qui frémis[7] aux caresses ferventes du Vent d'Est
Tamtam sculpté, tamtam tendu qui grondes[8] sous les doigts du vainqueur
Ta voix grave de contralto est le chant spirituel de l'Aimée.

Femme nue, femme obscure
Huile que ne ride nul souffle, huile calme aux flancs de l'athlète, aux flancs des
    princes du Mali
Gazelle aux attaches[9] célestes[10], les perles sont étoiles sur la nuit de ta peau
Délices[11] des jeux de l'esprit, les reflets de l'or rouge sur ta peau qui se moire[12]

A l'ombre de ta chevelure[13], s'éclaire mon angoisse aux soleils prochains de tes yeux.

Femme nue, femme noire
Je chante ta beauté qui passe, forme que je fixe dans l'Éternel
Avant que le Destin jaloux ne te réduise en cendres pour nourrir les racines de la vie.

Poèmes

VOCABULAIRE

1.	**bander**	=	lier et serrer avec une bande
2.	**col** *(m.)*	=	*mountain pass*
3.	**calciné**	=	*burned, calcified*
4.	**foudroyer**	=	frapper par la foudre
5.	**extase** *(f.)*	=	*ecstasy*
6.	**savane**	=	*savannah, grasslands*
7.	**frémir**	=	*trembler*
8.	**gronder**	=	*to scold*
9.	**attaches** *(f.)*	=	*(ici) moorings*
10.	**céleste**	=	*celestial*
11.	**délice** *(m.)*	=	plaisir extrême
12.	**se moire**	=	*to become like watered silk*
13.	**chevelure** *(f.)*	=	*head of hair*

Mariama Bâ est née au Sénégal en 1929. Orpheline de mère, elle était élevée par ses grands-parents qui étaient très traditionalistes. Son père a insisté à ce qu'elle soit inscrite à l'école française. Elle est allée ensuit à l'École Normale des jeunes filles de Rufisque où elle devient institutrice. Elle a enseigné pendant douze ans. A sa mort en 1981, elle a laissé deux romans: Une si longue lettre *(1979) et* Un chant écarlate *(1981).*

UNE SI LONGUE LETTRE

Mariama Bâ

Aïssatou,
J'ai reçu ton mot. En guise de réponse, j'ouvre ce cahier, point d'appui dans mon désarroi[1]: notre longue pratique m'a enseigné que la confidence noie la douleur.

Ton existence dans ma vie n'est point hasard. Nos grand' mères dont les concessions[2] étaient séparées par une tapade, échangeaient journellement des messages. Nos mères se disputaient la garde de nos oncles et tantes. Nous, nous avons usé pagnes et sandales sur le même chemin caillouteux[3] de l'école coranique. Nous avons enfoui[4], dans les mêmes trous, nos dents de lait, en implorant Fée-Souris de nous les restituer plus belles.

Si les rêves meurent en traversant les ans et les réalités, je garde intacts mes souvenirs, sel de ma mémoire.

Je t'invoque[5]. Le passé renaît avec son cortège d'émotions. Je ferme les yeux. Flux et reflux[6] de sensations: chaleur et éblouissement[7], les feux de bois; délice dans notre bouche gourmande, la mangue verte[8] pimentée, mordue à tour de rôle. Je ferme les yeux. Flux et reflux d'images; visage ocre de ta mère constellé[9] de gouttelettes[10] de sueur, à la sortie des cuisines; procession jacassante[11] de fillettes trempées, revenant des fontaines.

Le même parcours nous a conduites de l'adolescence à la maturité où le passé féconde[12] le présent.

Amie, amie, amie! Je t'appelle trois fois. Hier, tu as divorcé. Aujourd'hui, je suis veuve.

Modou est mort. Comment te raconter? On ne prend pas de rendez-vous avec le destin. Le destin empoigne[13] qui il veut, quand il veut. Dans le sens de vos désirs, il vous apporte la plénitude[14]. Mais le plus souvent, il déséquilibre et heurte. Alors, on subit. J'ai subi le coup de téléphone qui bouleverse[15] ma vie.

Adaptation d'Une si longue lettre

VOCABULAIRE

1.   **désarroi *(m.)***   =   désordre, confusion

2.	**concession** *(f.)*	=	*(ici)* maison
3.	**caillouteux**	=	rempli de cailloux
4.	**enfouir**	=	mettre en un lieu secret, mettre en terre
5.	**invoquer**	=	appeler à son aide par une prière
6.	**flux et reflux**	=	*ebb and flow*
7.	**éblouissement** *(m.)*	=	*dazzlement*
8.	**mangue verte**	=	*green mangoes*
9.	**constellé**	=	couvert de choses brillantes
10.	**gouttelette**	=	petite goutte
11.	**jacasser**	=	crier, bavarder
12.	**féconder**	=	rendre fertile
13.	**empoigne**	=	*grasp, seize*
14.	**plénitude** *(f.)*	=	état de ce qui est plein, *fullness*
15.	**bouleverser**	=	mettre en désordre

Exercices

1. Comparez les caractères de Gayndé-le-Lion, Leuk-le-Lièvre et Bouki-l'Hyène.

2. Ecrivez un poème en français decrivant un être aimé.

3. Ecrivez une lettre à un ami pour raconter un événement important de votre vie.

LE CAMEROUN

Population : 9.350.000
Superficie : 475.442 km^2
Capitale : Yaoundé
Langues parlées : Français, Anglais et langues africaines

15

FRANÇOISE FONING

En 1973, elle était simplement fonctionnaire au ministère du Tourisme. Aujourd'hui, Françoise Foning est à la tête de plus de 200 personnes pour ses activités commerciales et de 20.000 femmes pour ses activités politiques. Les affaires ne sont pas un mystère pour elle. Femme de poigne[1], à l'allure carrée, elle dit d'elle-même: «Je suis née dans les affaires et j'aime les affaires». Ce qui frappe le plus chez cette Camerounaise de quarante-trois ans, c'est son optimisme désarmant[2]. Rien ne semble être un problème à ses yeux. Quand elle démissionne du ministère du Tourisme, elle sait exactement ce qu'elle veut faire. Le commerce l'attire. Elle investit d'abord dans la restauration[3], puis dans les travaux de génie civil[4], les carrières, les trauvaux publics[5] et, enfin, dans l'import-export de commerce général et de produits alimentaires.

Pour regrouper ses activités, elle crée, en 1980, la SACOMEC (Société africaine de commerce et d'études commerciales), divisée en plusieurs secteurs très diversifiés.

Et ce n'est pas tout! Elle est aussi présidente du conseil d'administration de la SOCOOPEC—Société d'exploitation de carrière qui a pour dessein de regrouper les petits exploitants camerounais en vue d'unir leurs efforts pour atteindre[6] les objectifs irréalisables individuellement—, présidente du conseil d'administration de la STAC—Société des travaux pour l'Afrique centrale—, nouvelle société de travaux publics spécialisée dans l'ouverture de pistes[7], canalisations et adduction d'eau[8].

En somme, Françoise Foning est à la tête d'un véritable petit empire commercial créé par la force de son travail. Elle se plaît d'ailleurs à dire qu'elle est une sorte de «self-made woman» dans le domaine des affaires. «Je ne me suis fondée que sur ma volonté de vaincre et de réussir avec l'aide de mon intuition et de mon travail. Je me suis faite moi-même sans m'inspirer d'aucun exemple occidental.» Il faut dire que pour en arriver là, Françoise Foning a dû se battre au milieu d'une jungle d'hommes qui, comme elle le remarque justement, «ont longtemps maintenu leur monde hermétiquement[9] clos à l'entrée des femmes qu'ils reléguaient[10] alors et jusqu'à nos jours dans des tâches secondaires».

Pourtant, son souhait n'est pas de les égaler en tous points. Ce qu'elle veut, c'est surtout faire comprendre que les femmes sont les complémentaires des hommes dans leurs diverses tâches et fonctions. Elle sait que la femme camerounaise et, au-delà, la femme africaine, malgré les croyances et les coutumes, peut être à même d'assurer certaines responsabilités qui, jusque-là, lui étaient refusées. «Objectivement, souligne-t-elle, je ne pense pas qu'il faille considérer comme étant un hobby féministe le fait de se lancer dans les affaires. On peut parfaitement mercantiliser[11] et rester profondément féminine.»

Epouse et mère de six enfants, ses importantes activités ne la détournent en aucun cas de ce qu'elle appelle «ses fonctions originelles». Elle vit son rôle de femme le plus naturellement du monde, en évitant de rejeter les valeurs traditionnelles qui sont à la base même de son éducation. «Je n'ai pas envie, dit-elle, de me transformer en militante. J'aimerais seulement pouvoir, à mon niveau, permettre le plein épanouissement[12] de mes compatriotes et de mes sœurs africaines.» Car, ajoute-t-elle, «les femmes peuvent participer activement à la vie économique et politique du pays».

Son grand souci, c'est l'intégration des femmes dans la société camerounaise. La politique est une partie non négligeable de ses nombreuses préoccupations. «Je suis politicienne avant d'être femme d'affaires», souligne-t-elle. Cela fait en effet plus de vingt-six ans que Françoise Foning participe à la vie socio-politique de son pays où elle a été promue[13] au titre de présidente départementale du Rassemblement démocratique du peuple camerounais. Cette nomination a été la consécration des longs efforts qu'elle n'a cessé d'effectuer depuis des années pour assurer la promotion aussi bien politique que sociale de la femme au Cameroun.

Il parait pourtant difficile de concilier[14] toutes ces activités sans en délaisser[15] certaines. Mais encore une fois, son optimisme l'emporte. «Je m'efforce de limiter mes occupations à l'essentiel. Je définis les objectifs et je mets en place les moyens de les réaliser. Le choix des collaborateurs et, en particulier, des cadres responsables, est fondamental pour aboutir judicieusement aux buts choisis.» Ses activités sociales et politiques sont complémentaires à ses activités commerciales, ce qui lui permet de les effectuer sans effort particulier.

Cependant, Françoise Foning est consciente qu'il lui faudra bien, à certains moments, sacrifier une partie de sa vie familiale. Mais qu'importe, puisqu'il s'agit du bien commun: «Améliorer la condition de la femme au Cameroun avec l'aide des autorités est l'objectif premier que je me suis fixé. Cela dit, il est certain que le chemin sera long et rocailleux[16]. Je voudrais donc pouvoir sacrifier quelque temps de ma vie familiale pour le mettre au service de mes compatriotes.»

Adaptation d'un article d'Afrique Elite

VOCABULAIRE

1.	**femme de poigne**	=	*an energetic woman*
2.	**désarmant**	=	qui laisse sans défense
3.	**restauration** *(f.)*	=	réparation
4.	**génie civil**	=	art de construction
5.	**travaux publics**	=	*public works*
6.	**atteindre**	=	arriver à
7.	**piste** *(f.)*	=	chemin, voie
8.	**adduction d'eau**	=	*water supply*
9.	**hermétiquement**	=	fermé parfaitement
10.	**reléguer**	=	exiler
11.	**mercantiliser**	=	faire le commerce
12.	**épanouissement** *(m.)*	=	ouverture
13.	**promouvoir**	=	*promote*, élever à
14.	**concilier**	=	mettre d'accord
15.	**délaisser**	=	abandonner
16.	**rocailleux**	=	plein de petits cailloux

JOURNAL INTIME D'UN SALARIÉ CAMEROUNAIS

Dimanche, 1ᵉʳ mai.

Mon nom ne vous dira rien. Et pour cause; je suis un «anonyme», une minuscule pièce dans l'immense système: Nestor Kamga, trente-cinq ans, Camerounais depuis de très nombreuses générations. Profession: électricien dans une grande entreprise d'Etat à Douala[1], depuis près de quinze ans. L'ancienneté[2], je commence à savoir ce que c'est. Signe particulier? Une seule femme—aussi bien officiellement qu'officieusement—et «seulement» cinq enfants.

Pourquoi avoir décidé de tenir un journal? Pour faire le point sur ma vie. Pour noter par écrit ce que représente l'existence pour un homme comme moi, appartenant à une génération intermédiaire. Car depuis plusieurs mois, il me semble que le seul véritable dénominateur[3] commun entre la vie et moi, entre tous ceux qui m'entourent et moi, c'est... mon revenu mensuel. Etrange. J'ai beau réfléchir, disserter[4] de culture, de politique ou de football avec mes amis, il n'y a rien à faire: la seule chose qui fixe mon attention ainsi que celle des autres, celle qui régit[5] mon comportement, c'est, apparemment, l'argent dont je dispose chaque premier du mois pour tenir le coup[6]. Grave. Seule la tenue d'un journal me permettra de juger sa réelle importance...

Lundi, 2 mai.

Je ne suis pas à proprement parler un matérialiste. Mais je dois avouer que je n'éprouve aucune autre joie pareille à celle qui m'étreint chque premier jour ouvrable[7] du mois, lorsque je vais chercher mon chèque-salaire au service caisse de mon entreprise: 82.000 F CFA net. A quoi s'ajoutent aujourd'hui les 75.000 francs représentant le bénéfice mensuel du petit commerce d'alimentation que tient mon épouse, Hélène. En tout, 157.000 francs de budget de recettes. Je n'établis jamais un budget strict de dépenses. Je préfère retirer de l'argent au jour le jour, en essayant d'être rationnel et modeste.

Jeudi, 5 mai.

Inévitable. Chaque cinquième jour du mois, Tonton Aboubakar, mon propriétaire, débarque à mon domicile à sept heures du matin. Motif: 30.000 F de loyer, pour un vieux trois pièces (deux chambres, un salon, un coin cuisine, des toilettes) en planches, au cœur de New-Bell, le quartier populaire le plus populeux de Douala. «Heureusement que t'es un type[8] réglo[9], m'a lancé Aboubakar ce matin en prenant son dû. Sinon, je t'aurais déjà viré[10]. C'est dur de se loger en ce moment...»

Samedi, 7 mai.

Grand jour du marché de Bépanda, à l'autre bout de la ville. Profitant de ma journée libre du samedi, j'y ai acheté des provisions pour le mois.

Pas facile. On dirait que les prix augmentent tous les jours. Un sac de cent kilos de riz m'a coûté 14.000 francs, un sac de maïs 22.000 francs, deux régimes de bananes plantain 7.000 francs. Considéré il y a quelques années comme la nourriture des pauvres, le macabo[11] est aujourd'hui un produit de luxe. De même pour le mankandjô (morue[12] séchée), dont le kilo se vend à 3.8000 francs! J'en ai acheté un kilo soit... 2 poissons. Il faut bien, de temps en temps, donner aux enfants l'illusion d'être choyés[13], bien élevés.

Dimanche, 8 mai.

Belle journée. Qui a dit que les dimanches étaient des jours tristes? Faux! Après la messe, où le prêtre nous a rassurés sur l'avenir et l'amélioration de la situation de chacun d'entre nous, Hélène et moi avons emmené les enfants à la plage où ils ont pu admirer leurs copains fils de bourgeois; ceux-ci s'y amusaient dans des bateaux-mouches et des canoës à moteur, donnant ainsi une dimension de plus à la beauté de l'eau bleue et aux reflets dorés du soleil. Seule ombre au tableau: j'ai dû promettre à Jasper, mon fils aîné, de lui acheter un canoë à moteur. Pour cela, il me faudra rassembler 35.000 francs avant la fin des vacances scolaires. Pas évident.

Mardi, 10 mai.

C'est à croire qu'ils le font exprès. Les employés de la SONEL[14] envoient toujours la facture d'eau et d'électricité trois jours avant l'expiration du délai accordé pour la régler. Montant[15] léger cette fois-ci: 7.000 francs pour deux mois, cela me paraît raisonnable. C'est pourquoi j'ai réglé cette facture sans broncher[16].

Mercredi, 11 mai.

Hélène a préparé un merveilleux taro, avec de la viande de bœuf. C'est la première fois que je mange du bœuf depuis le début du mois. Merveilleux. Mais dommage qu'il coûte si cher: 900 francs le kilo «avec os» et 1.200 francs «sans os».

Jeudi, 12 mai.

Lettre de ma mère. Postée à Bandjoun le 30 avril, elle n'a mis que douze jours à me parvenir. Un quasi-record de vitesse. Tristes nouvelles: mon père se porte de plus en plus mal. Les plantations familiales seront moins généreuses que l'année dernière; la sécheresse et les insectes ont détruit une bonne partie de la récolte. J'envoie 25.000 francs à ma mère ainsi que quelques flacons de médicaments dont elle m'a fait parvenir l'ordonnance.

Samedi, 14 mai.

Si je devais me suicider un jour, ce serait probablement un jour de célébration d'anniversaire. Je n'ai jamais compris le sens de cette fête. Mais que voulez-vous? Il faut bien sacrifier à certains rites, fussent-ils idiots, pour ne pas passer pour un fou marginal[17]. J'ai donc célébré avec faste[18] le huitième anniversaire de Frédérique, ma deuxième fille. Coût: 10.000 francs que Hélène a astucieusement utilisés pour inviter tous les enfants du quartier. Soit à peu près le montant des allocations familiales[19] que j'ai reçues pour toute ma progéniture[20].

Lundi, 16 mai.
    Inquiet. En esquissant hâtivement mes comptes, je constate qu'en ce milieu du mois, il ne me reste qu'environ 60.000 francs.

Samedi, 21 mai.
    Pour garder une femme, il faut, paraît-il, la séduire constamment. En cette journée fériée et chômée[21] au Cameroun du fait de la commémoration du onzième anniversaire de la République unie, j'ai «frappé un grand coup». En donnant 20.000 francs à Hélène pour renouveler sa garde-robe et celle des enfants: ensuite, je l'ai emmenée dans le night-club le plus chic de la ville: le King's Club. Je ne suis plus un jeune «dragueur[22] à proprement parler, ni un fin danseur de mangambeu[23]. Mais j'espère lui avoir fait plaisir.

Dimanche, 22 mai.
    J'arborais une bien triste mine ce matin à la réunion pour la tontine[24]. Non pas à cause de la longue soirée d'hier, mais pour avoir été obligé de me délester[25] de 20.000 francs qui me restaient. Il fallait bien que je paie ma dette envers Georges; depuis le début du mois, il a réglé ma part de cotisation[26] tous les dimanches en mon absense. Heureusement, ceci n'est qu'épargne.

Lundi, 23 mai.
    «Le travail, c'est la richesse» aurait déclaré quelqu'un. Aberration![27] J'aimerais bien que l'on m'explique ce qu'il y a de plaisant ou de profitable à grimper au plafond ou sur un poteau électrique tous les jour pour y poser des câbles, des interrupteurs[28], des néons, etc. On y risque sa vie à chaque seconde. Et puis... non. Vraiment, si le travail était une richesse, il y a longtemps qu'aucun homme pauvre n'en aurait plus.

Mercredi, 25 mai.
    Vivement la fin du mois. C'est dur de vivre sans argent.

Mercredi, 1er juin.
    Ouf! C'est reparti...

Adaptation d'un article de Jeune Afrique Plus

VOCABULAIRE

1. **Douala** = port et centre commerciale au Cameroun
2. **ancienneté** *(f.)* = temps passé dans un emploi, une fonction
3. **dénominateur** *(m.)* = denominator
4. **disserter** = parler
5. **régir** = diriger
6. **tenir le coup** = *(fam.)* vivre
7. **ouvrable** = qu'on peut travailler
8. **type** *(m.)* = *(argot)* guy
9. **réglo** = *(argot)* comme il faut
10. **virer** = *(argot)* mettre à la porte
11. **macabo** *(m.)* = légume d'Afrique noire
12. **morue** *(f.)* = *codfish*
13. **choyer** = entourer de soins affectueux
14. **SONEL** = compagnie d'électricité
15. **montant** = somme à payer
16. **broncher** = murmurer
17. **marginal** = qui vie en dehors de la société
18. **faste** = luxe
19. **allocations familiales** = somme payée aux familles par le gouvernement
20. **progéniture** *(f.)* = enfants
21. **fériée et chômée** = jour où l'on cesse le travail
22. **drageur** *(m.)* = quelqu'un qui flirte avec les femmes
23. **mangambeu** = danse camerounaise
24. **tontine** *(f.)* = manière de faire des épargnes
25. **se délester de** = *(fam.)* donner, payer
26. **cotisation** *(f.)* = contribution à la somme commune
27. **abberration** *(f.)* = erreur
28. **interrupteur** *(m.)* = *switch (electrical term)*

Guillaume Oyono-Mbia est né à Mvoutessi dans le Sud du Cameroun. Après le Baccalauréat, il a reçu une bourse pour continuer ses études en Angleterre. Oyono-Mbia est connu pour ses pièces qui mettent en scène l'humeur de la recontre de l'Afrique traditionnelle et le monde occidental.

NOTRE FILLE NE SE MARIERA PAS

Guillaume Oyono-Mbia

MAKRITA: Ç'a bien marché avec le fonctionnaire?

ATANGANA: *(content de lui)* Très bien, très bien! Il nous a versé deux cent mille francs...
(Rayonnant[1] à Juliette) Et le mariage est con~~clu~~

JULIETTE: *(fu~~rieuse~~)* ~~M~~ais vous êtes donc bien décidés à ne fai~~re aucun~~ ~~c~~as de moi en prenant des décisions qui me concernent? Est-ce qu'on ne pouvait pas me consulter? Au moins pour cette fois?

> *(Tous restent muets de stupéfaction. Oyônô et Matalina, qui n'ont jamais été au collège, regardent leurs aînés d'un air qui signifie: en voilà de vos collégiennes!)*

MATALINA: Mais c'est un fonctionnaire, Juliette! Un homme riche!

JULIETTE: *(de plus en plus indignée)* Je dis que je ne veux pas l'épouser! D'ailleurs, j'ai déjà dit à ma mère que je suis fiancée à quelqu'un d'autre.

ATANGANA: *(qui n'avait pas saisi tout le contenu de la réplique)* Et tu oses élever la voix quand je parle!

JULIETTE: Mais...

MAKRITA: *(épouvantée, courant vers sa fille)* Tais-toi donc, Juliette! Ton père parle!

ATANGANA: *(à sa femme)* C'est toi qui lui enseignes cette mauvaise conduite!
(Prenant le public à témoin) Ecoutez-moi cette histoire: un très grand fonctionnaire vient demander la main de celle qu'on dit ma fille. Il nous apporte beaucoup de vin rouge et de la bière...

OYONO: *(menaçant Juliette du poing)* Du vin rouge et de la bière!

ATANGANA: *(même jeu)* Il me donne deux cent mille francs...

OYONO: *(même jeu)* Deux cent mille francs!

ATANGANA: *(plaidant[2] avec le public)* Il ne nous parle pas comme le font tous les grands, mais avec beaucoup de respect.
(Fièrement) Maintenant, nous serons reçus comme des blancs dans les grands restaurants de Sangmélima où il nous fera manger et boire. Tous les gens de ce village vont bientôt obtenir des autorisations

d'achat d'arme et des médailles. Chose plus importante, je vais bientôt achever de payer la dot[3] de la fille que mon fils veut épouser à Ebolowa.

(Ayant gagné son procès, Atangana se tourne vers Juliette et tonne) Et toi, tu veux que je refuse tout cela? Tu veux que je refuse tant de richesses tout simplement parce que...

(Contrefaisant la voix de Juliette)... Tu ne veux pas l'épouser?

Extrait de Notre fille ne se mariera pas

VOCABULAIRE

1. **rayonnant** = brillant comme les rayons du soleil
2. **plaidant** = défendant sa cause
3. **dot** *(f.)* = *dowry (here, bride price)*

Exercices

1. Comparez Françoise Foning avec une femme dynamique de votre communauté.
2. Tenez un journal de vos dépenses pendant une semaine. Faites des commentaires suivant le modèle de Nestor Kamga.
3. Les fiançailles des États-Unis sont très différentes de celles de Cameroun raconté par Oyono-Mbia. Ecrivez une dialogue entre deux personnages qui vont se marier dans votre ville.

LE CONGO

Population	:	1.700.000
Superficie	:	342.000 km^2
Capitale	:	Brazzaville
Langues parlées	:	Français, langues africaines

16

DJO BALARD

«Ma chérie, je t'adore, j'ai besoin de toi, tu ressembles à ma sœur, tu es plus belle que ma sœur, je vais te donner tout ce que tu veux, je vais te donner la sécurité[1]» Le type en nœud papillon[2] a dit tout ça d'un seul souffle, en agrippant[3] mon poignet. La rumba lui fait echo: «Ma chérie je t'adore...» et le champagne danse dans ma tête. Moi, je regarde par terre en attendant qu'il me lâche. Sur la moquette[4] fleurie défilent les pieds des danseurs, couleurs différentes, mais silhouettes identiques: des Westons[5] en quantité. A part ça, rien à signaler. Djo Balard m'avait promis un haut lieu de la SAPE? Autour de nous, ministres camerounais et businessmen du Congo boivent du whisky à mille francs (50.000 F CFA) la bouteille. Le plus sapé est encore Djo Balard—mais Djo, c'est autre chose...

Comme chacun sait, la SAPE est la Société des Ambianceurs[6] et Personnes Elégantes, et Djo Balard en est le roi, confirmé par les nombreux «défis[7]»—concours au Rex[8] et témoignages dans la presse. Dans le film «Black Mic-Mac», il joue son propre personnage. Le scénario disait «Djo Balard», comme on dit «le pape»: il n'y en a qu'un! Djo Balard donc, celui qui garde ses chaussures en croco[9] (Capobianco[10] sur mesure[11]) dans un coffre à la banque. Dans le scénario du film, la scène où il allait les chercher à la banque a été supprimée. Sans doute personne n'y aurait cru. Et pourtant, ce n'est pas UNE paire, c'est DEUX qu'il a là-bas!

La soirée a commencé chez lui par un interrogatoire en règle. On m'a toujours dit que «l'habit ne fait pas le moine[12]», et les chaussures à quinze mille francs (750.000 F CFA), ça me paraissait suspect. En grimpant les cinq étages qui mènent à sa chambre, je concoctais quelques questions bêtes et méchantes: «Donneriez-vous vos chaussures en croco à une vente au profit des enfants d'Ethiopie?» ou «Qu'est-ce qui reste de Djo Balard quand on le déshabille?»...

C'était sous-estimer le personnage. A peine franchi la porte de son petit domaine—une chambre pleine de costumes et de valises—, voilà que saute le premier bouchon[13] de champagne. Trois bouteilles plus tard, je crois avoir tout compris! Le pantalon trop grand de deux tailles, sa première invention; le style «Laisse-Tomber», pochette fixée par un coin, pendant sur la poitrine, cravate nouée[14] «in extremis» et tombant jusqu'aux cuisses; le style «Demi-Dakar», haut et bas désassorti[15] et des mots, des noms, des couleurs, des trouvailles[16]...

La chambre est maintenant sens dessus-dessous[17], valise de chaussures renversée au milieu de la pièce («c'est du Weston, c'est solide»), vêtements de daim[18] éparpillés[19] sur le sofa (des peaux si douces qu'inconsciemment on les porte à ses lèvres), costumes de lin[20] («ils se froissent[21] avec noblesse, se portent avec élégance...»). Djo Balard, en bermudas de haute couture, pose pour le photographe, un énorme cigare aux lèvres, dans une jungle de cravates de plus en plus sauvage (c'est un mot qu'il aime, «soie sauvage», «bermudas sauvages»...). On me raconte une soirée à Brazzaville où le carton d'invitation était un ticket de métro. D'avoir tant rêvé de Paris, n'est-il pas un peu désenchanté[22], juste «un parfum de tristesse»? Rien de cela chez lui. Au milieu de l'étalage de ses millions de fringues[23], jetées ici et là à travers la pièce, il rit, il pose, il danse, verse de temps en temps un peu de son champagne sur la moquette, amoureux de son propre geste, généreux...

«Quand les gens disent que l'habit ne fait pas le moine, ils mentent! Remarquez vous-même: quand on veut vous embêter, si vous êtes bien habillé, on ne peut rien faire. Quand les flics[24] font des contrôles d'identité[25], moi, je suis là avec mon cigare, ils ne peuvent pas me demander mes pièces! Chez nous en Afrique, si vous êtes bien habillé, toutes les portes vous sont ouvertes... Aussi les Africains qui vivent ici font attention. S'ils n'ont rien à se mettre, ils préfèrent ne pas prendre leurs vacances. Il y a des gens comme ça qui ne sont pas rentrés depuis quinze ans! En 1982, j'avais un copain qui a fait deux mois de vacances là-bas; il ne pouvait pas sortir le jour parce qu'il n'avait que des vêtements et des chaussures d'imitation, et pas des griffes[26].

«Comment les gens ont su? Ils ont su! D'abord, on joue «la Coupe du monde», c'est-à-dire qu'on envoie des gens qui viennent voir votre valise. Si ce que vous avez n'est pas convenable, on roule sur vous... A Brazzaville, on fait des défis, c'est-à-dire qu'on loue une Mercedes, et on sort dans un bar. Il y a cinq cents personnes devant le bar, qui attendent pour voir les gens qui partent et qui arrivent, pour voir comment ils sont habillés. Ensuite, dans le bar, il faut avoir les moyens de consommer[27], c'est ça le défi, il faut prouver que tu es capable de tout! Toi, tu reviens d'Europe et tu as les vêtements, mais tu n'as pas plus de moyens que Djo Balard, et Djo gagne par les moyens!»

Il rit sur ses dents courtes en se souvenant du temps où, parce qu'il n'était jamais venu en France, on venait le traiter, lui, de «paysan»! Antoine Wada, petit-fils du premier contrôleur des trains du Congo, vivait bien à Brazzaville. Une bijouterie, des revenus confortables, un cousin steward[28] qui faisait pour lui ses achats parisiens. Le week-end, dans la Mercedes du beau-frère, qui osait donc l'appeler «paysan»? Un soir, il traverse le fleuve. Grâce au change avantageux, il peut jouer les millionnaires. «Ouvrez le bar, que chacun boive à volonté, c'est moi qui paie!» Tout le monde se précipite et c'est la fête. «Je le connais bien, dit un client, c'est Djo Balard qu'il s'appelle.» Un autre ajoute, pour ne pas être en reste: «C'est un nom de code: «Djo» pour gentlemen, «Lar» pour l'argent.» Antoine Wada est devenu Djo Balard...

Un jour, il en a assez de laisser ses cousins choisir ses costumes. Il laisse derrière lui le confort et débarque[29] à Paris, «capitale de l'Élégance.» «Nous les Africains, on est comme ça, on ne peut pas mourir où on est né, il faut qu'on bouge...» Pas question de demander à son père six mille francs (300.000 F CFA) pour s'acheter des chaussures, Djo préfère aller travailler chez Renault. Une expérience redoutable: il a dû porter des jeans! Il a survécu à l'épreuve. De justesse! «Les jeans, c'est pas fait pour un corps aussi sensible que le mien. Les jeans, c'est pour les soudeurs[30] et les plombiers. Soudeur, c'est un bon boulot. Mais quand tu sors, tu enlèves les jeans!»

Aujourd'hui, chez Ambrozzio, il est à son affaire: il règne sur le lin, la soie et le daim. Il s'apprête à sortir sa propre marque, «Djo Balard», et ouvre une boutique à Brazzaville. «Dans ma vie, y'a pas que la SAPE, la tête aussi joue un rôle! Je ne peux pas te dire tout ce que je fais... La SAPE, c'est pas seulement pour se montrer aux gens. C'est pour faire vivre mon corps. Quand vous pensez à tous ces gens qui meurent avec des millions, moi au moins je profite de ce que j'ai! Ce corps, je le mets en valeur, je le mets en forme... La SAPE, ce n'est pas seulement question d'acheter des trucs chers. Il faut trouver une mainière de les porter. Moi, je crée toujours...»

Adaptation d'un article d'Afrique Elite

VOCABULAIRE

1. lyriques d'une chanson africaine

2. **nœud papillon** = *bow tie*

3. **agrippant** = prenant

4. **moquette** *(f.)* = tapis

5. **Westons** = marque de chaussures très chere

6. **ambianceur** *(m.)* = *D.J., disc jockey*

7. **défi** *(m.)* = *challenge*

8. **Rex** = nom d'un cinéma

9. **croco** = *crocodile*

10. **Capobianco** = marque de chausseurs très chere

11.	sur mesure	=	*made to order*
12.	l'habit ne fait pas le moine	=	*don't judge a book by its cover (lit., the habit does not make the monk)*
13.	bouchon *(m.)*	=	*cork*
14.	nouée	=	*knotted*
15.	désassorti	=	qui ne vont pas ensemble
16.	trouvaille	=	*discovery, lucky find*
17.	sens dessus-dessous	=	*upside down*
18.	daim	=	*suede*
19.	éparpillés	=	*scattered*
20.	lin	=	*linen*
21.	se froisser	=	*wrinkle*
22.	désenchanter	=	faire perdre l'enthousiasme, les illusions
23.	fringues	=	*(argot)* vêtements
24.	flics *(m.)*	=	*(argot) cops*
25.	contrôles d'identité	=	*verification of identity cards*
26.	griffe *(f.)*	=	*designer trademark*
27.	consommer	=	prendre une boisson
28.	steward	=	*flight attendant*
29.	débarquer	=	arriver
30.	soudeur *(m.)*	=	welder

Exercice

Aimez-vous la SAPE? Est-ce qu'il y a un mouvement semblable dans votre ville? Expliquez.

AIR AFRIQUE

En 1960, un grand nombre d'états d'Afrique Noire accèdent[1] à l'indépendance. Leurs jeunes dirigeants[2] doivent s'attaquer aux graves problèmes du sous-développement et ils savent qu'ils auront besoin de l'appui de la communauté internationale.

Or, l'Afrique paraît bien lointaine et difficile d'accès pour le reste du monde: depuis toujours, Le Sahara constitue un obstacle majeur au développement des échanges avec les autres peuples et notamment avec le bassin méditerranéen. Ni la route, ni le rail, ni le bateau n'ont pu rompre[3] l'isolement dans lequel est tenue l'Afrique Noire. Reste l'avion. Il n'a guère besoin d'infrastructures au sol importantes et il bat en rapidité tous les autres moyens de transport...

D'où l'idée de créer des compagnies aériennes africaines. Pourquoi ne pas se réunir et créer une compagnie commune à plusieurs états africains? L'idée fait son chemin.

Un an après l'indépendance, le 28 mars 1961, dix chefs d'états d'Afrique occidentale et centrale se réunissent à Yaoundé, capitale du Cameroun. Ils y signent le Traité «relatif au transport aérien en Afrique», jetant ainsi les bases d'une compagnie commune. Trois mois après, elle est créée et prend le nom d'Air Afrique, alors que se réunit son premier conseil d'administration à Abidjan.

Air Afrique qui s'est choisi l'emblème de l'antilope-cheval effectue ses premiers vols dès le mois d'août en louant des appareils. Elle reçoit ses premiers avions en 1963 et en 1964: des DC8. Le dernier-cri[4] de l'aéronautique à l'époque! Dès août 1961, elle relie toutes les capitales africaines de l'ouest et du centre. En même temps, elle amorce[5] son réseau long courrier en se posant à Paris. Ensuite, elle mettra le cap sur Genève (1964), New York (1965) et Rome (1968). Bientôt ce sera Djeddah, Addis-Abéba et Rio de Janeiro, si bien qu'aujourd'hui la compagnie multinationale dispose d'un réseau de plus de 150.000 km de longueur, d'une trentaine d'escales et relie l'Afrique à l'Europe, à l'Amérique et au Moyen-Orient.

Cette cascade d'innovations ne se cantonne[6] pas au réseau: Air Afrique construit un siège administratif moderne à Abidjan (en 1964), une aérogare fret dans la même ville et équipe progressivement ses grandes agences en terminaux reliés à un système de réservation électronique très sophistiqué (il utilise même des satellites).

Sa flotte est sans cesse modernisée et renouvelée au prix de lourds investissements[7] mais Air Afrique veut toujours offir à sa clientèle les appareils les plus sûrs et les plus confortables.

Sur le plan du personnel, la compagnie envoie ses navigants[8] en formation dans les meilleures écoles du monde. Pour son personnel au sol, comme pour son personnel de cabine (stewards et hôtesses), elle a créé ses propres centres de formation[9] en Côte d'Ivoire et au Sénégal et assure, en partie, l'entretien de sa flotte dans les centres industriels de Dakar, Brazzaville et Abidjan.

Ainsi, aujourd'hui Air Afrique est fière d'avoir atteint et même dépassé les objectifs qui lui avaient été assignés[10] en 1961, une poignée de pionniers[11] et de visionnaires.

Mais aussi et surtout, elle a joué un rôle dans le développement économique de ses dix états membres (le Bénin, le Burkina-Faso, Centreafrique, la Côte d'Ivoire, le Congo, la Mauritanie, le Niger, le Sénégal, le Tchad, le Togo) et de l'Afrique Noire.

Adaptation d'un article de Balafon

VOCABULAIRE

1. **accéder à** = arriver à
2. **dirigeant** *(m.)* = qui exerce une autorité
3. **rompre** = briser
4. **dernier-cri** = *the rage*
5. **amorcer** = commencer
6. **se cantonner** = se limiter
7. **investissement** *(m.)* = investment
8. **navigants** = personnel qui fait partie des équipages de l'aviation
9. **centre de formation** = école
10. **assigner** = donner, déterminer
11. **pionnier** *(m.)* = *Pioneer*

LE ZAÏRE

Population : 32.000.000
Superficie : 2.345.409 km^2
Capitale : Kinshasa
Langues parlées : Français, Swahili et langues africaines

17

TSHALA MUANA

Méfiez-vous de l'eau qui dort[1]. Si, dans un salon ou dans un dîner vous recontrez la citoyenne[2] chanteuse-danseuse Tshala Muana. Zaïroise d'origine. Ivoirienne d'adoption. Parisienne par choix, elle est réservée, douce, à la limite timide. Alors, comment cette femme si simple devient-elle sur scène une tigresse, une bombe, la plus érotique des stars du continent africain? Réponse: un tempérament exceptionnel, qui fait sa popularité. Dans le show-biz, on sait ce que cela signifie: passages fréquents à la télé, matraquage[3] radio, milliers de disques vendus, chansons frédonnées partout, photos à la une[4] des magazines, pays nombreux qui l'acclament, lettres d'amour, et... gros cachets. Mais pour Tshala, il y a un témoignage supplémentaire et original de l'engouement[5] qu'elle suscite, et qui n'appartient qu'à elle: on s'arrache son «look». Hé oui! le style Tshala. Ce qui est formidable, c'est que cela s'est fait tout seul, à la demande des clientes. Les redoutables commerçantes de Cocody, d'Adjamé, de Marcory[6], poussées par leur sens inné[7] des affaires, ont repris son look à leur compte et vendent du Tshala en veux-tu en voilà, entre autres des kilomètres de pagnes[8] brillants, semblables à ceux qu'elle utilise sur scène, et qu'elles revendent 20 à 25.000 francs CFA[9]. Ça, oui, c'est la gloire! Sauf qu'à Tshala, ça ne lui rapporte pas un sou. Mais c'est une autre histoire.

La popularité a ses revers[10]; elle en sait quelque chose, notre star, qui a eu quelques problèmes à Abidjan. «C'est vrai qu'au début, me dit Ram, son impresario, certaines femmes disaient d'elle: Cette Tshala, vraiment, elle est vulgaire, elle se trémousse[11] de partout avec son derrière électrique et elle «casse les foyers.» Elle en a souffert, mais ça va maintenant. Tout le monde s'est aperçu que la jeune chanteuse–danseuse était, malgré les apparences, le contraire d'une «allumeuse[12]», une chic fille[13] plutôt, travaillant beaucoup, une vraie professionnelle. Et si certaines femmes aujourd'-hui conservent encore à son égard une petite pointe de jalousie, la plupart sont rassurées et elles sont souvent amicales.

Je lui demande quelle est sa chanteuse favorite, la plus grande «*in the world*». Elle hésite, réfléchit, puis, d'un trait: «Tina Turner». Je ne suis pas surpris. Tina est une bête de scène comme elle, super-physique, qui se meut[14], sentiment et érotisme, dans un style noir américain analogue[15] à celui, africain, de Tshala. Même tempérament.

«Je voudrais devenir plus internationale, mélanger les deux styles, comme on fait maintenant», avoue-t-elle avec une moue[16] gourmande. Naturellement, elle n'a pas encore la technique absolue, ni, comme Tina, la maturité d'un talent hors pair[17]. Mais ça peut venir. Elle lorgne[18] d'ailleurs dans cette direction. «C'est l'avantage de Paris, on est au centre des décisions, on peut voir des tas de gens, on baigne dans le show-biz, c'est plus facile de se renouveler. Avec Paris comme port d'attache, on peut sillonner le monde entier.»

«Le prochain grand show va être une date super-importante dans ma vie: une série de galas au Zaïre après cinq ans d'absence.» Elle a un grand soupir à la fois angoissé et heureux. Le retour de l'enfant prodige qui n'avait pu se faire sa place au soleil et qui revient chez elle, auréolée[19] d'une gloire dont elle ne rêvait même pas à l'époque. Un grand bonheur de se retrouver chez elle et un trac[20] terrible! Normal. Puis une grande émission[21] à TF1, à la Télé, et après, ses vrais débuts à Paris, à l'Eldorado. Ça en fait des angoisses! Mais Tshala est une battante[22]. Et la petite lueur[23] de ses yeux se transforme en brasier[24] quand il s'agit de gagner.

Adaptation d'un article de Jeune Afrique Magazine

VOCABULAIRE

1.	**Méfiez-vous... dort**	=	*still waters run deep*
2.	**citoyenne**	=	forme d'adresse au Zaire au lieu de Madame ou Mademoiselle
3.	**matraquage**	=	*(fig.) radio blitz*
4.	**à la une**	=	à la couverture, à la première page
5.	**engouement *(m.)***	=	admiration exagérée
6.	**Cocody, Adjamé, Marcory**	=	quartiers d'Abidjan, Côte d'Ivoire
7.	**inné**	=	que nous apportons en naissant
8.	**pagne *(m.)***	=	tissu
9.	**Franc CFA**	=	100 francs CFA = 1 franc français
10.	**revers**	=	côté d'une chose opposée au côté principal
11.	**se tremousser**	=	s'agiter
12.	**allumeuse**	=	femme coquette
13.	**chic fille**	=	jeune fille gentille

14.	**se mouvoir**	=	être en mouvement
15.	**analogue**	=	semblable
16.	**moue** *(f.)*	=	*pout*
17.	**hors pair**	=	sans égal
18.	**lorgner**	=	regarder
19.	**auréolée**	=	entourée
20.	**trac** *(m.)*	=	peur avant d'aller sur la scène
21.	**émission** *(f.)*	=	spectacle de télévision
22.	**battante**	=	quelqu'une qui lutte
23.	**lueur** *(f.)*	=	lumière, clarté faible
24.	**brasier** *(m.)*	=	feu de charbons incandescents

Exercice

Tshala Mauna admire Tina Turner. Imaginez une rencontre entre les deux.
Ecrivez un dialogue.

Part 3
Le Canada

LE QUÉBEC

18

Population : 6.550.000
Superficie : 1.540.680 km^2
Capitale : Québec
Langues parlées : Anglais, français

UNE FRONTIÈRE LONGUE DE 6.400 KM

On le sait, le Canada est la meilleure illustration du mot «immensité». C'est, en superficie, le deuxième pays du monde après l'U.R.S.S. Vingt fois la surface de la France, presque celle de l'Europe tout entière et seulement vingt-quatre millions d'habitants. Mais sait-on, par exemple, que la fron-

tière sud du Canada qui borde les États-Unis court sur quelque 6.400 km, soit la distance qui sépare Paris de la frontière de Chine! Le train qui part de Montréal le lundi soir arrive à Vancouver le vendredi matin... Sait-on aussi que le Canada est par excellence le pays de l'eau qui occupe plus du douzième du territoire. Elle est partout à fleur de[1] terre. Le plus grand réservoir du globe. Plus du quart de toute l'eau douce de la planète. On n'est même pas encore arrivé à compter tous les lacs! Il y en aurait entre 600.000 et 700.000...

Adaptation d'un article du Figaro

VOCABULAIRE

1. à fleur de = *(ici) just beneath, on the surface of*

Exercice

Utilisant ce texte comme modèle, essayez de décrire votre état ou votre ville.

FRANÇAIS DE FRANCE ET FRANÇAIS DU QUÉBEC: QUELQUES DIFFÉRENCES

Lorsqu'on explore un pays pour la première fois, on se heurte à plus d'une difficulté, en particulier en ce qui concerne la langue. Cela est vrai, comme chacun le sait, pour les pays qui partagent un même idiome. Lors d'un séjour récent au Québec, j'ai relevé quelques expressions usitées qui sont différentes de celles que l'on emploie en France et, par conséquent, que l'on enseigne dans la majorité des classes de français aux États-Unis. Cette liste, qui est loin d'être exhaustive, contient des termes essentiels qui pourront être utiles à quiconque[1] se rendrait au Québec dans le cadre d'un séjour touristique ou d'un stage linguistique. Elle est divisée en trois colonnes afin de mettre en relief, non pas l'équivalent anglais des termes québécois, mais surtout leur équivalent en français de France. L'astérisque (*) désigne les tournures[2] qui appartiennent à la langue familière et une expression québécoise précédée de «(aussi)» indique que cette expression est interchangeable avec celle qui est citée sous la colonne «France». Pour de plus amples recherches, on pourra consulter le *Dictionnaire général de la langue française au Canada* de Louis-A. Bélisle (Montréal: Ariès 1969), ou le *Dictionnaire des difficultés de la langue française du Canada* de Gérard Dagenais (Montréal: Pédagogia, 1968), deux ouvrages indispensables pour l'étude des texts québécois.

ÉTATS-UNIS	FRANCE	QUÉBEC
Alimentation		
breakfast	le petit déjeuner	le déjeuner
lunch	le déjeuner	le dîner
dinner	le dîner	le souper
a drink	une boisson	(aussi) un breuvage/un drink
a soft drink	un soda	une liqueur douce
tap beer	la bière à la pression	la bière en fût
ice cream	la glace	la crème glacée
Divers		
my girlfriend	mon amie/ma petite amie	ma blonde/ ma chum
my boyfriend	mon ami/mon petit ami	mon chum
to be in love (with)	être amoureux (de)	être en amour (avec)
weekend	week-end	la fin de semaine
to hitchhike	faire de l'autostop/ faire du stop	faire du pouce/voyager sur le pouce
a party	une soirée/une boum	un party

Adaptation d'un article d'AATF National Bulletin

VOCABULAIRE

1. **quinconque** = toute personne
2. **tournure** *(f.)* = expression, formule

L'AMÉRICANISME ET L'EUROPÉANISME: en français... *and in english*

Au Canada, dans les vieilles provinces, le français a résisté à l'anglais. Les parlers[1] campagnards[2] (issus de l'Ouest de la France) ont subsisté[3] en empruntant certains éléments du vocabulaire anglais, chez 4 millions d'indivus; l'influence anglaise est plus forte dans les grands groupes immigrés dans le nord des États-Unis (environ 1.100.000 personnes).

Il ne s'est pas constitué de français canadien cultivé; c'est le français de France qui sert de langue de culture. [Cohen: 1973: 301]*

---

*Marcel Cohen, «Histoire d'une langue: le français» (Paris: Editions sociales, 1973).

Au Québec, on a longtemps souffert d'un certain complexe d'infériorité linguistique. Je ne vais pas m'attarder[4] longuement là-dessus, puisque bien d'autres y sont déjà passés avant moi, décrivant chaque contour de sa supposée «bouche molle». Si je parle de complexe d'infériorité, c'est pour dire que déjà s'engage le processus[5] lent mais irréversible de sa disparition[6].

La Perspective Historique

Quatre grandes puissances européennes ont colonisé de façon massive certains territoires de l'Amérique: la vulgaire «slang» américain et qui réclament l'enseignement, comme langue seconde, de l'anglais «pur».

Evolution Parallele

Le britannique dit *lift*, l'anglo-américain dit *elevator*. Le franco-européen dit *landau*, le québécois dit *carosse*. On pourrait remplir des pages entières à énumérer[7] de telles différences. Elles montrent comment, de chaque côté de l'Atlantique, chaque langue évolue[8] en parallèle. Cette évolution n'est pas sans dialogue. Le franco-européen marque fortement l'évolution du québécois de la même façon que l'américain détient sur le britannique. Il serait illusoire de croire cependant que, d'une part, le québécois et le franco-européen et, d'autre part, le britannique et l'américain, en viennent à se ressembler au point où leurs différences respectives finiraient par disparaître.

Adaptation d'un article de Québec Français

VOCABULAIRE

1. **parler** *(m.)* = langue
2. **campagnard** = qui vient de la campagne
3. **subsister** = durer, exister encore
4. **s'attarder** = se mettre en retard, demeurer
5. **processus** *(m.)* = développement
6. **disparition** *(f.)* = acte de disparaître
7. **énumérer** = compter
8. **évoluer** = changer

Exercice

Ecrivez un paragraphe utilisant le vocabulaire donné. Ensuite substitutez les expressions en français du Québec.

QUÉBEC, TERRE D'IMMIGRATION

Pays né du désir d'une poignée d'immigrants des vieux pays de France de créer un monde meilleur pour eux et leurs enfants, le Québec s'est cramponné[1], pendant les cent ans qui ont suivi son passage à la couronne britannique en 1760, à la culture française et à la foi catholique. Cette obstination[2] à survivre en tant que race a pris la forme d'une extraordinaire vitalité démographique que les historiens ont baptisée «revanche des berceaux[3]». Si bien, qu'en dépit de la Conquête anglaise et malgré l'émergence juste au sud d'un jeune et vigoureux géant, les «Canadiens», comme ils se nommaient eux-mêmes déjà au temps de la Nouvelle-France, sont passés de 60.000 en 1760 à 850.000 un siècle plus tard.

S'ils étaient encore fiers d'afficher le taux[4] de natalité le plus élevé du monde occidental jusque dans les années 50, les Québécois de 1960 ont, comme bien d'autres peuples, traversé une révolution culturelle qui a profondément ébranlé[5] les valeurs traditionnelles et modifié les rapports sociaux au sein de la communauté. A la suite de cette révolution «tranquille» la «miraculeuse» fertilité des Québécoises a chuté[6] à 1,46 enfant par femme en âge de procréer[7]. S'il se maintient, ce taux de natalité, de 0,2 point inférieur à la moyenne canadienne et l'un des plus bas du monde, ne suffira bientôt plus à assurer le remplacement de la population actuelle. Les démographes ont fixé l'échéance à 2015. Si la tendance ne s'inverse[8] pas, à compter de cette année pas si lointaine, la population du Québec commencera à décroître[9].

Bien que l'apport de l'immigration au peuplement de la province n'ait pu faire pâlir les statistiques des naissances jusqu'au seuil des années 70, le Québec a nourri les germes d'une mosaïque culturelle bien avant la Révolution tranquille. Déjà, de 1760 à 1770, le Québec accueille une vague d'immigrants d'origine britannique. Ce sont d'abord les soldats de sa Majesté, attirant avec eux familles, fournisseurs des armées et commerçants de fourrures. Puis des loyalistes rescapés de la Guerre d'Indépendance américaine colonisant les Cantons de l'Est *(Eastern Townships)*, où ils demeurent majoritaires jusqu'au milieu du XIXème siècle. Dès le début du XVIIIème siècle les premiers arrivants irlandais, fuyant les guerres napoléoniennes et un peu plus tard les terribles famines ravageant leur île, viennent grossir les rangs de la population anglophone; très vite, ils s'intègrent[10] à la société québécoise, sans doute à cause de leur religion catholique.

L'immigration d'origine ethnique autre que britannique ne dépasse pas 2% de la population québécoise avant la fin du XIXème siècle. Ce n'est qu'au tournant de notre siècle que l'immigration européenne vers le Québec inclut[11] d'autres ethnies. Encore à cette époque, l'immigration en provenance[12] des îles britanniques demeure significative, mais elle n'est plus la plus importante, l'immigration en provenance de l'Europe de l'Est et de l'Europe méridionale[13] prend la relève[14]. Les Juifs Ashkénase sont les plus nombreux, et en 1931, ils forment 6% de la population de Montréal. Les Italiens suivent. Etablis dans la région montréalaise, leur communauté atteint quelque 25.000 âmes au début des années 30, dans les années qui suivent la seconde guerre mondiale, l'immigration de souche[15] italienne s'accroît[16] si bien qu'à l'aube[17] de la révolution tranquille, la population italienne du Québec dépasse celle des Juifs. D'autres immigrants de l'Europe méridionale, des Grecs, des Espagnols et des Portugais les rejoignent[18]

bientôt. Très vite, de nouveaux groupes ethniques viennent enrichir la mosaïque québécoise; des Français d'Algérie, des Juifs d'Afrique du Nord appartenant au rite Sépharade, des Haïtiens, et enfin des Chinois.

L'Immigration Nouvelle Vague: des Gens Instruits

Alors qu'au cours du XIXème siècle et de la première moitié du vingtième, l'immigration est surtout constituée d'ouvriers non spécialisés et de paysans, fuyant les persécutions politiques et religieuses ou des conditions économiques difficiles, depuis la fin des années soixante, un nouveau visage de l'immigrant se dessine.

A travers le Canada, 47,5% des 88.000 immigrants reçus en 1984 sont venus du continent asiatique. L'immigrant est aussi plus instruit: de 1951 à 1971, dans le cas de l'immigration européen, la proportion des membres des professions libérales et techniques passe de 3,5% à 26%, alors que les manœuvres diminuent de 63,8% à 44,4%.

Cependant, l'on constate que le nombre total d'immigrants entrés au Québec, de même qu'au Canada dans son ensemble, a diminué entre 1970 et 1984.

Ce phénomène, résultant de l'imposition de critères d'acceptation plus restrictifs, s'explique par les nouvelles conditions du marché du travail. Au Québec, c'est aussi une conséquence des efforts consentis par les Québécois dans le secteur de l'éducation: la province, ayant achevé sa révolution culturelle, produit davantage de travailleurs qualifiés, et son économie a mûri. Elle n'a plus besoin d'importer de travailleurs manuels, ni même de professeurs. Au cours de ces années, l'importance relative de l'immigration de type humanitaire, que le Québec et le Canada ont toujours cru leur devoir de maintenir, dépasse celle de l'immigration économique.

Avec les années 80, une nouvelle révolution fait son chemin au Québec. On constate un vif regain[19] d'intérêt pour les affaires et la libre entreprise chez les Québécois francophones formant aujourd'hui 80% de la population de la province. La baisse du taux de natalité, aussi bien que cet «entrepreneurship» se reflètent dans certaines modifications apportées à la loi de l'immigration: le Canada, et le Québec, qui depuis une quinzaine d'années participe au recrutement[20] et à la sélection de ses immigrants, ont élargi[21] leurs critères d'accueil.

Quant aux immigrants-investisseurs[22], ils sont l'objet d'attentions spéciales de la part du Ministère québécois des Communautés culturelles et de l'Immigration. Tout est fait pour leur faciliter les démarches[23]. le Ministère a même instauré[24] dans les bureaux de la rue McGill à Montréal, un service d'experts-conseils en matière d'investissement. Après avoir soumis leur candidature auprès du Conseiller en Immigration à la Délégation, le requérant[25] est invité à se rendre à Montréal pour une visite préalable[26], il peut alors soumettre son projet au service des immigrants-investisseurs qui en évaluera la viabilité.

Une Nouvelle Espèce d'Immigrant: l'Investisseur

D'où vient l'immigrant-investisseur? Qu'est-ce qui le pousse à quitter son pays et à choisir le Québec comme terre d'adoption? Il semble bien, disent les statistiques, qu'il se recrute sous tous les cieux[27]. Le Québec, comme le Canada, ne sélectionne pas ses immigrants sur la base de l'ethnie. En 1983–84, le Québec a accueilli 870 immigrants-investisseurs venus de 66 pays. La conjoncture[28] internationale fait qu'ils étaient surtout originaires d'Asie (Hong Kong), de la France et de la Suisse. Mais en 86, 87, ils pourraient aussi bien venir... des États-Unis.

Adaptation d'un article de France-Amérique

VOCABULAIRE

1.	**se cramponner**	=	s'accrocher
2.	**obstination** *(f.)*	=	entêtement, *obstinacy, stubbornness*
3.	**berceau** *(m.)*	=	*cradle*
4.	**taux** *(m.)*	=	*total, rate*
5.	**ébranler**	=	faire trembler
6.	**chuter**	=	tomber
7.	**procréer**	=	*(ici)* avoir des enfants
8.	**s'inverser**	=	*(ici)* changer
9.	**décroître**	=	diminuer progressivement
10.	**s'intégrer**	=	*(ici)* devenir partie de
11.	**inclure**	=	comprendre
12.	**provenance** *(f.)*	=	origine
13.	**méridionale**	=	qui est du midi (du sud)
14.	**prendre la relève**	=	*(ici)* prendre la place
15.	**souche** *(f.)*	=	*(ici)* origine
16.	**s'accroître**	=	*to grow*
17.	**aube** *(f.)*	=	*dawn*
18.	**rejoindre**	=	aller retrouver
19.	**regain** *(m.)*	=	renouvellement
20.	**recrutement** *(m.)*	=	action d'attirer dans une societé
21.	**élargir**	=	rendre plus large
22.	**investisseur** *(m.)*	=	*investor*
23.	**démarche** *(f.)*	=	*step*
24.	**instaurer**	=	établir

25.	**requérant**	=	qui demande en justice
26.	**préalable**	=	*(ici) preliminary*
27.	**cieux** *(m.)*	=	*skies (sing,* **ciel***)*
28.	**conjoncture** *(f.)*	=	*(ici) economic situation*

Exercice

Quelle est la différence d'approche entre le Canada et les États-Unis envers les immigrés?

L'ANGE GARDIEN DE LA NATURE

«Il y a un bon Dieu pour les innocents», dit André Bélisle. Au mois de juin dernier, il s'est retrouvé à la tête du plus grand regroupement jamais créé au Québec pour défendre l'environnement. «Je n'ai aucun mérite. Je me suis simplement trouvé au bon endroit, au bon moment.»

Ce bon moment est survenu quand le ministre québécois de l'Environnement, Coifford Lincoln, a proposé de réduire l'accès à l'information sur les contaminants et les produits toxiques. En quelques jours, André Bélisle a alerté les médias, demandé des avis juridiques et rassemblé dans une Coalition québécoise pour l'environnement des gens qui ne s'étaient jamais retrouvés sous la même bannière: les pêcheurs, chasseurs et pourvoyeurs[1] blancs, les Amérindiens, les partis municipaux d'opposition de Montréal et Québec, les agriculteurs et les biologistes, le mouvement Greenpeace et les centrales syndicales! Et une semaine plus tard, le ministre retirait son projet de loi.

Toute charmante qu'elle soit, la modestie d'André Bélisle semble outrancière[2]. Mais ce n'est pas un personnage en demi-teintes. Au moment où la Coalition le projetait dans l'actualité, André Bélisle venait juste de toucher le fond. L'Association québécoise contre les pluies acides (AQLPA), qu'il a fondée en 1982 et qu'il préside, était en effet à bout de ressources depuis plusieurs mois. Ses permanents avaient pris de l'emploi ailleurs et lui conseillaient de faire de même! Mais André Bélisle s'est obstiné: il a vendu sa voiture, ses meubles, les deux chevaux qu'il avait en pension dans une ferme, il a vidé son appartement et s'est installé un campement dans les bureaux de l'AQLPA. Dans le même temps, sa blonde[3] l'a quitté...

«Elle me trouvait irresponsable, dit-il. Elle ne comprenait pas que je vende ma voiture pour m'occuper des pluies acides.»

A 32 ans, André Bélisle n'est militant professionnel de l'écologie que depuis quatre ans, mais c'est pour lui l'aboutissement[4] logique d'un long cheminement, une véritable vocation.

Né dans une famille modeste de Montréal (son père a été plombier, puis concierge) il a quitté l'école à 16 ans. «J'avais de bonnes notes, mais je m'y ennuyais, j'avais l'impression de perdre mon temps. Mais je lisais tout ce que je trouvais, surtout en histoire et en géographie.» Après avoir chanté pendant deux ans sur les routes du Québec avec le groupe rock Fate, il s'engage dans la construction comme moniteur de ligne, travaillant huit saisons à la Baie de James.

Tout ce temps, il n'a eu, et n'a toujours, qu'une passion: la forêt, la nature. «Toutes les occasions ont toujours été bonnes pour partir dans le bois. Tout seul, ou avec des amis.» Il chasse et pêche le moins possible: «Seulement si c'est nécessaire pour manger. Je vais dans le bois juste pour être là: suivre un ours ou un orignal[5] pendant des heures, marcher, rester assis à écouter les bruits ou écrire de la poésie.»

En mai 1982, il lit dans le magazine «Québec-Science», un article sur les précipitations sulphuriques intitulé «Péril acide». Un spécialiste y déclare que le problème ne pourra se régler que si les gens conscients commencent à s'impliquer...

«Je gagnais beaucoup d'argent dans la construction. J'ai payé une secrétaire pour qu'elle me rassemble tout ce qu'elle pouvait trouver sur les pluies acides.» C'est un paragraphe d'un mémorandum gouvernemental qui déclenche tout. «Ils disaient que le problème était tellement grave qu'il fallait commencer à dénombrer[6] les lacs et rivières à sacrifier! Je me suis senti insulté. J'ai téléphoné au ministère de l'Environnement, à Québec, et je leur ai dit qu'en tant que citoyen et contribuable[7], je n'étais pas d'accord.»

Mais il n'existait alors aucune association consacrée uniquement aux pluies acides. Si Bélisle arrivait à réunir des groupes sur le sujet, Québec serait prêt à l'aider. André Bélisle réussit à convaincre deux groupes écologiques (les autres lui disant qu'il ne trouverait jamais d'argent), et deux semaines plus tard la toute nouvelle AQLPA recevait une subvention de 40.000 dollars!

«C'est bien simple, dit André Bélisle, je ne suis pas capable d'accepter les gens qui me donnent des raisons pour ne pas s'occuper de l'environnement. Notre pays est tellement beau que c'est criminel de le détruire.»

André Bélisle adore la nature, les enfants, la poésie. On sent qu'il ne ferait pas de mal à une mouche. Mais dès qu'on menace «sa» nature, il n'hésite pas à souligner la force de ses convictions par des arguments... «Il n'y a rien qui va m'arrêter: faudrait que je meure ou que je sente que je ne suis plus utile à la cause.»

Il sait que certains spécialistes n'apprécient pas que ce «gars[8] de la construction» vienne jouer dans leur coin, mais lui n'apprécie pas plus leur manque d'efficacité: «Trop de ces groupes n'acceptent de s'impliquer que s'ils peuvent en tirer[9] du prestige, dit-il. Quand on voit ce qu'ils ont fait jusqu'à présent pour les pluies acides, il est peut-être temps, justement, de sortir du bois et que des gars de la construction s'en occupent.»

Il n'aime guère, non plus, le passéisme[10] et les stratégies de confrontation: «Il ne sert à rien d'être négatif et de retourner en arrière, il s'agit simplement de contrôler ce qu'on met dans l'environnement. Si un gouvernement ou une industrie fait des choses bien, il faut les encourager et les féliciter, pas passer son temps à récriminer.»

Quant au «manque d'instruction» qu'on lui reproche, il hausse les épaules: «Quand il y a des problèmes précis, il y a des scientifiques ou des avocats qui nous aident. Moi, je suis plutôt un catalyseur. Il faut s'enlever de la tête cette idée que la protection de l'environnement est trop technique ou trop compliquée. S'il y a des polluants qui sortent de ta cheminée, c'est simple: il faut t'en débarrasser.»

André Bélisle s'exalte facilement dans leu feu du combat («Dans des ministères on me trouve ben[11], ben, ben impulsif»), mais il n'aspire qu'à une chose: partir s'installer sur une terre, faire de l'élevage, aller marcher dans le bois et chanter à la veillée[12] avec les voisins...

La politique ne l'intéresse pas: il en a assez vu quand il était militant au Parti québécois. «Une chose est sûre, dit-il: même quand j'aurai ma ferme, je resterai impliqué, parce que je n'accepterai aucun recul en matière d'environnnement.»

Brandissant une coupure de journal titrée «Une étude fédérale recommande le démantèlement du ministère de l'Environnement», il soupire: «Tant qu'il y aura des gens comme ça qui feront des choses comme ça je ne pourrai pas faire autrement que de m'en occuper.»

Adaptation d'un article d'Actualité

VOCABULAIRE

1. **pourvoyeur** *(m.)* = personne qui fournit ce qui est nécessaire
2. **outrancière** = exagéré
3. **blonde** = *(Canadian French) girlfriend*
4. **aboutissement** *(m.)* = resultat
5. **orignal** = *(Canadian French) moose*
6. **dénombrer** = faire le compte
7. **contribuable** = *taxpayer*
8. **gars** *(m.)* = *(fam.)* homme
9. **tirer** = gagner, ressortir
10. **passéisme** *(m.)* = le goût du retour au passé
11. **ben** = bien
12. **veillée** *(f.)* = *vigil*

Exercices

1. Imaginez que vous êtes André Bélisle. Expliquez pourquoi vous êtes «l'ange gardien de la nature».

2. Si vous pouviez être «l'ange gardien» de n'importe quelle cause, quelle cause défendriez vous? (protéger les animaux, garder contre la pollution des fleuves, de l'air, etc...) Comment la défendriez vous? Faites un argument.

LA LITTÉRATURE QUÉBÉCOISE

Les origines de la littérature du Québec remontent aussi loin que le 17ème siècle, lorsque le Canada, qui était alors français, s'appelait «la Nouvelle France». A cette époque, les lettres mystiques d'une religieuse française, Marie de l'Incarnation (1599–1672), constituèrent le début du patrimoine littéraire du pays. Pendant près d'un siècle après la Conquête des Anglais (1763), la littérature canadienne-française se développa lentement. Finalement, en 1845, François-Xavier Garneau s'imposa comme le premier écrivain d'importance au Québec, avec la publication de sa très érudite *Histoire du Canada* en trois volumes, qui démontra aux Canadiens-français qu'ils avaient une histoire dont ils pouvaient être fiers. Au 19ème siècle, le poète Octave Crémazie devint célèbre par ses poèmes qui exprimaient la voix de son peuple à l'aube de leur renaissance. Les romans du 19ème siècle qui laissèrent leur empreinte[1] sont: *Les Anciens Canadiens* (1863), par Philippe Aubert de Gaspé, qui décrivit les origines historiques des guerres de la Conquête, *Jean-Rivard* (1862), par Gérin-Lajoie, qui était un roman à thèse, et *Angéline de Montbrun* (1884), un roman psychologique écrit par Laure Conan, la première femme de littérature canadienne-française.

Le début du 20ème siècle annonce l'arrivé d'Emile Nelligan (1879–1941), le grand poète du Québec, et du grand romancier, Louis Hémon, un Français expatrié, qui écrivit le chef d'œuvre bien connu, *Maria Chapdelaine* (1914). Gabrielle Roy est le premier écrivain canadien à recevoir un prix littéraire international, le Prix Fémina, en 1947, pour *Bonheur d'occasion*. Ce roman fut une innovation totale parce que c'était un roman socio-réaliste dont l'action se déroule[2] à la ville et non à la campagne.

Pendant les quatre dernières décades, le Québec vit naître une littérature qui compte parmi les meilleures de l'époque contemporaine. De nombreux ouvrages continuent à remporter de prestigieux prix littéraires internationaux. Par exemple, en 1966, Marie-Claire Blais reçut le Prix Médecis pour son roman, *Une Saison dans la vie d'Emmanuel*. En 1982, le Prix Fémina fut décerné à Anne Hébert pour son roman, *Les Fous de Bassan*. D'autres écrivains de talent tels que Yves Thériault, André Langevin, Gérard Bessette, Jacques Godbout, Roch Carrier, etc. ont été reconnus sur le plan national et international.

Essai du Docteur Myrna Delson-Karan

VOCABULAIRE

1. **empreinte** = marque profonde
2. **dérouler** = développer

LA DERNIÈRE INTERVIEW: GABRIELLE ROY

Myrna Delson-Karan

Question: Quel a été dans votre jeunesse le signe précurseur de votre talent littéraire? Comment avez-vous su que vous vouliez écrire, que vous aviez du talent pour écrire?

Réponse: Un jour, je me souviens, j'avais à peu près 12 ans, j'ai acheté un cahier. Dedans, en grosses lettres, sur la première page, j'ai écrit «Un roman de Gabrielle Roy en 12 chapitres» Ma mère l'a trouvé, et quand elle a lu ce que j'avais écrit, elle l'a jeté dans le feu.

Question: Pourquoi a-t-elle fait cela?

Réponse: J'avais décrit mes oncles de la campagne avec leurs grandes moustaches. Ma mère pensait que je manquais de respect. Elle ne s'est pas rendu compte comme je l'ai fait à un âge très tendre, que les œuvres artistiques peuvent naître d'événements ordinaires de la vie de gens ordinaires.

Question: Etes-vous allée en Europe lorsque vous étiez une jeune femme avec l'intention d'étudier l'art dramatique ou avec l'intention de devenir écrivain?

Réponse: Je n'avais pas d'idées très précises. Je sais seulement que je ressentais un besoin très urgent de voyager, de voir le monde qui existait en dehors du Canada. «Je suis partie pour l'Europe en aveugle, comme amateur.» Je voulais élargir mon horizon. L'influence française de mon éducation m'a donné un profond désir de connaître mes origines.

Question: Pensez-vous qu'il est nécessaire pour un écrivain de quitter son pays, son milieu, afin de mieux le voir?

Réponse: Oui, presque toujours. «La séparation vous fait voir plus clairement les racines dont vous êtes issu.»

Question: Quels sont les intérêts personnels qui ont contribué à l'élaboration de vos ouvrages?

Réponse: «J'ai toujours été fervente de la vie sauvage. J'ai grandi là, dans le Manitoba, dans une région sauvage.»

Question: Il semble que vous étiez très intéressée par le théâtre quand vous étiez jeune. Avez-vous regretté de ne pas avoir poursuivi une carrière théâtrale?

Réponse: Non, je ne l'ai pas regretté. Je l'ai fait seulement pour le plaisir. Je suis allée en Angleterre pour étudier l'art dramatique afin d'obtenir de plus grands rôles pour mon groupe théâtral au Canada. Cependant, j'ai découvert de bonne heure que je préférais utiliser mes propres mots comme moyen d'expression artistique, plutôt que ceux des autres.

Question: Pensez-vous qu'il existe une relation entre le style de vie d'un écrivain et son œuvre?

Réponse: Oui. Par exemple, Balzac avait besoin de beaucoup de luxe et il s'endettait constamment. Il devait beaucoup écrire pour payer ses dettes. Quant à moi, j'ai besoin d'un train de vie modeste. «Les possessions m'écrasent. J'aimerais vivre avec presque rien.» On n'a pas besoin d'argent pour écrire. Moi, cependant, j'ai besoin de solitude. J'ai besoin de m'isoler de mes semblables pour mieux les connaître. Cela peut sembler paradoxal, mais c'est la façon dont la créativité s'épanouit[1] le mieux en moi.

Question: Pensez-vous que l'aspect autobiographique de vos romans a été très important?

Réponse: Oui, absolument. Tolstoi a dit, «Un écrivain n'échappe jamais à sa vie». Dans certains cas, il était indispensable d'utiliser la première personne dans mon œuvre. Par exemple, dans *Rue Deschambault,* si j'avais écrit à la troisième personne, je n'aurais pas pu communiquer la réalité de ma vie au lecteur. Le fait d'utiliser la première personne dans ma narration donne plus d'authenticité à mon ouvrage.

Question: Votre carrière d'enseignante, a-t-elle influencé votre œuvre d'écrivain? Comment a-t-elle affecté votre contribution artistique?

Réponse: Oui, l'école est souvent présente dans mes livres. En fait, des écoles apparaissent dans presque tous mes livres, parce que pour moi «l'école est le lieu idéal, le lieu de recontre fraternel». Aussi, pour moi, l'innocence qu'un enfant apporte lorsqu'il va à l'école est tellement précieuse. Dans nombre de mes ouvrages je décris mes personnages avides de retourner aux jours idéalisés de l'enfance.

Question: On a dit que les professeurs apprennent en enseignant. Il y a aussi la maxime qui dit que «Enseigner est une manière d'aimer». Est-ce vrai pour l'écrivain?

Réponse: Oui, certainement. J'ai beaucoup appris de mes personnages. Par exemple, de Luzina (la mère dans *La Petite Poule d'eau*), j'ai appris que s'instruire, acquérir des connaissances, aimer, c'est presque le même chose. «Si on s'instruit, on aime.»

Question: Votre expérience de journaliste, a-t-elle contribué à votre œuvre littéraire?

Réponse: Oui mon expérience de journaliste m'a beaucoup aidée. «Ça m'a appris à respecter l'exactitude.» Je ne la respecte pas encore assez, comme Colette, par exemple. J'admire vraiment la façon dont Colette décrit toutes choses dans le moindre détail.

Question: Quelles étaient les raisons qui vous on décidée à écrire en français plutôt qu'en anglais? Pensez-vous que votre décision d'écrire en français a influencé votre contribution artistique?

Réponse: Pour moi, il était tout à fait naturel de choisir d'écrire en français. Je suis originaire de la petite ville de St. Boniface, qui était un centre de Canadiens de langue française. Le français était la langue de notre famille. C'est notre langue maternelle.

Question: Marc Gagné, un des importants spécialistes de vos œuvres, me dit que vous aviez presque décidé d'écrire en anglais, et que vous avez changé d'avis au dernier moment. Est-ce vrai?

Réponse: Oui, en fait, j'ai presque commencé ma carrière littéraire en anglais. J'ai essayé, mais les résultats n'étaient pas brillants. J'ai découvert de bonne heure qu'on ne pouvait écrire dans deux langues à la fois. Je n'étais pas la même personne en anglais et en français. Quand j'écrivais en anglais, j'étais moins sérieuse. «L'anglais me donnait un ton frivole.» A St. Boniface nous avions un accent quand nous parlions anglais et nous avions une légère difficulté à nous exprimer. «Alors on s'attendait à ce que nous soyons «funny.» D'un autre côté, le français est la langue de mon cœur. En français, j'étais capable d'exprimer mes pensées et mes sentiments les plus profonds. Donc, on pourrait dire que mon œuvre n'aurait pas eu la même valeur si j'avais écrit en anglais plutôt qu'en français. De plus, la plupart de mes œuvres on été publiées presque simultanément avec leurs traductions anglaises. J'ai toujours travaillé très étroitement avec mes traducteurs[2].

Question: Pensez-vous que vous avez influencé le développement du roman canadien-français?

Réponse: Oui, je pense que j'ai eu une influence importante. «J'ai fait œuvre de pionnier[3].» Il y avait Ringuet et Guèvremont avant moi. Mais j'ai eu plus d'influence qu'ils n'en ont eu. Ce n'est pas seulement le fait que j'ai tiré le roman canadien-français de son caractère provincial. J'ai essayé de décrire la substance de la vie, les ingrédients de la souffrance, de la compassion, et de la joie humaine. On dit souvent que le roman canadien-français des années '60 a representé la plus grande révolution des tendances littéraires. Mais franchement, je pense que les écrivains de ma génération et moi-même, nous avons joué un rôle plus important dans le développement du roman canadien-français.

Question: Que voudriez-vous accomplir, que vous n'avez pas encore accompli?

Réponse: Les deux choses les pires dans la vie sont de réussir ou de ne pas réussir. Si quelqu'un réussit, il ne reste rien à accomplir. Si quelqu'un ne réussit pas, il n'accomplira jamais rien.

Question: Faites-vous référence au fait que vous avez atteint le pinacle de votre succès au tout début de votre carrière lorsque vous avez reçu le prestigieux Prix Fémina pour votre tout premier roman, *Bonheur d'occasion*? Est-ce que ce succès précoce a eu un effet nuisible[4] à votre carrière?

Réponse: Oui, après le succès immédiat de mon premier roman, c'était extrêmement difficile. J'étais complètement paralysée par l'expérience. J'ai dû me donner une chance pour respirer. J'ai dû aller à la campagne pour me reposer un certain temps. Puis, finalement, après trois ans, j'ai écrit *La Petite Poule d'eau*.

Question: Quelles sont les qualités personnelles qui ont influencé votre contribution artistique?

Réponse: J'ai souvent déploré le fait que je n'ai pas écrit davantage. J'ai laissé passer de longues périodes de temps sans écrire. Quand j'écris, j'écris avec ferveur[5], mais je regrette vraiment beaucoup de ne pas avoir écrit plus d'ouvrages. Je pensais que j'avais toujours du temps devant moi. On pense que la vie va toujours continuer, qu'il y a toujours du temps qui reste. Ceci, bien sûr, n'est pas vrai. «Mais peut-être que j'avais besoin de me reposer entre la création de mes livres, car la création artistique est née du rêve qui semble être la source de toute réalité.» Pour moi, afin de trouver une idée pour un livre, j'ai besoin d'un déclic[6], un souvenir, par exemple. *Ces Enfants de ma vie* est un livre de souvenirs, d'images qui se sont présentées alors que je pensais à tous les enfants spéciaux auxquels j'avais enseigné au début de ma carrière d'institutrice. Quelquefois, même une conversation que j'ai surprise peut devenir un point de départ pour un livre. Lorsque je suis allée en Alaska, je n'avais aucune idée que j'allais écrire *La Rivière sans repos*. Quand je suis descendue de l'avion, j'ai vu une femme Eskimo, qui tenait dans ses bras avec amour un enfant blond, aux yeux bleus, dont elle essayait de boucler les cheveux. C'était pendant le guerre, et je pensais que l'enfant pourrait être le produit d'une aventure de guerre avec un G.I. américain. L'image de la mère et de l'enfant est restée avec moi et m'a hantée. C'est devenu la source d'inspiration de ce roman. «Il faut que les choses soient mûres avant d'écrire. Nous n'avons pas toujours accès à nous-mêmes.»

Question: Est-ce qu'un écrivain devrait essayer de changer le monde? Par exemple, est-ce que certaines œuvres d'art littéraires devraient rechercher l'amélioration de certaines conditions sociales?

Réponse:	Pas délibérément. Je ne crois pas dans les «romans politiques» comme une forme d'art viable. Cependant, un écrivain peut contribuer à l'amélioration de la société en décrivant les qualités positives de la nature humaine. «De cette manière, les lecteurs et l'écrivain s'enrichissent mutuellement.»
Question:	Pensez-vous que vos ouvrages ont un attrait universel, que vous serez connue non seulement comme un écrivain de littérature québécoise, mais de littérature mondiale?
Réponse:	Oui. De bonne heure dans ma carrière d'écrivain, dès le début, j'ai toujours été intéressée par ce qui touche le plus grand nombre possible d'êtres humains. J'ai essayé d'exprimer les chagrins et les joies de la condition humaine et de montrer ma confiance dans la création.
Question:	Quelle est pour vous la chose la plus importante dans la vie?
Réponse:	«Ce qui compte le plus pour moi, c'est la tendresse humaine. Et ce qui dicte la valeur des plus belles œuvres, à la longue, c'est, en effet, la tendresse humaine qui est quelque chose de très rare. C'est ce qui nous fait oublier la misère de la condition humaine, les difficultés de la vie. C'est ce qui nous permet d'échapper à nous-mêmes et de sentir la joie au cœur.»

Ce fut la dernière interview de Gabrielle Roy. Dans les mois qui suivirent, elle essaya en vain de lutter contre la grave maladie de cœur qui l'empêchait d'écrire. Elle mourut le 14 juillet 1983, laissant un héritage immortel.

Extrait de Québec Studies

VOCABULAIRE

1.	**s'épanouir**	=	s'ouvrir
2.	**traducteur** *(m.)*	=	celui qui traduit
3.	**pionnier** *(m.)*	=	personne qui s'installe sur des terres inhabitées
4.	**nuisible**	=	dommageable, préjugé
5.	**ferveur** *(f.)*	=	ardeur, enthouiasme
6.	**déclic** *(m.)*	=	*(ici)* inspiration soudaine

Exercice

Faites un entretien avec un membre de votre classe suivant le modèle de Gabrielle Roy. Sujets à choisir: passe-temps, la cuisine, les émissions à la télévision.

RUE DESCHAMBAULT

Gabrielle Roy

Mon Chapeau Rose

J'avais eu la jaunisse[1] et maman, pour m'aider à guérir, m'acheta un chapeau rose. Sans doute essaya-t-elle de m'en faire accepter un d'une autre
couleur—j'étais encore toute jaune de ma maladie—mais c'était le rose que
je voulais. Et maman en riant un peu finit par céder.

    Ma meilleure robe pour aller avec ce chapeau rose bonbon était en noir
et blanc avec une collerette[2] rouge vif. Néanmoins, c'est ainsi habillée que
je devais partir pour mon premier voyage toute seule. Maman m'envoyait à
la campagne me refaire le teint et la santé. Cette fois elle ne pouvait pas
quitter elle-même la maison. Mais elle trouva dans le train une vieille Sœur
Grise à qui elle me confia.

—Allez-vous jusqu'à Notre-Dame-de-Lourdes? demanda-t-elle à la Sœur Grise.

La Sœur Grise dit qu'elle allait encore plus loin, qu'elle allait dans toutes les campagnes quêter[3] pour ses pauvres.

—En ce cas, dit maman, voulez-vous prendre soin de ma petite fille jusqu'à Lourdes? Là sa tante viendra l'accueillir.

La vieille Sœur Grise prit bien soin de moi. En fouillant[4] dans sa poche elle trouva des bonbons qui devaient y être depuis longtemps, ils étaient enroulés de cette espèce de petite mousse de laine[5] qui se forme dans le fond des poches. Dans un village où on arrêta cinq minutes, elle courut m'acheter un cornet de crème glacée. J'espère qu'elle n'a pas pris pour me l'acheter de l'argent de ses pauvres.

Quand j'arrivai dans la maison de ma tante, c'était l'heure du souper. Je vins tout de suite à table avec mon chapeau sur la tête. Ma tante n'avait pas encore reçu le lit qu'elle avait emprunté pour moi dans le village. J'eus le choix d'une petite place dans le grand lit avec mes trois cousins ou d'un matelas pour moi toute seule par terre. Je pris le matelas. J'ôtai[6] ma robe d'abord; ensuite, à la dernière minute, avant de m'allonger sur le matelas, j'enlevai mon chapeau rose que je plaçai tout près de moi sur le plancher, afin sans doute de l'avoir sous la main dès en m'éveillant. Ma tante, pensant peut-être que quelqu'un en se levant la nuit pourrait marcher sur mon chapeau, le prit à mes côtés pour le déposer sur une commode; ou plutôt elle en coiffa une statue de sainte Anne qui se trouvait là, aux rayons de la lune. Et je me mis à me lamenter doucement.

Ce n'était pas uniquement parce que ma tante m'avait ôté mon chapeau. Tout à coup, je m'étais sentie triste d'être si loin de chez nous, chez ma tante que je ne connaissais pas beaucoup, et de plus, couchée sur un matelas par terre. Alors ma tante remit mon chapeau près de moi. Elle me dit: «Petite folle!»

Extrait de Rue Deschambault

VOCABULAIRE

1.	**jaunisse** *(f.)*	=	*jaundice*
2.	**collerette** *(f.)*	=	petit collet
3.	**quêter**	=	chercher avec le but de donner aux pauvres
4.	**fouillant**	=	cherchant
5.	**la mousse de laine**	=	*lint*
6.	**ôter**	=	enlever une chose de sa place

Exercice

Décrivez un article auquel vous étiez très attaché quand vous étiez petit.

Part 4
Les Antilles
et l'Amérique du Sud

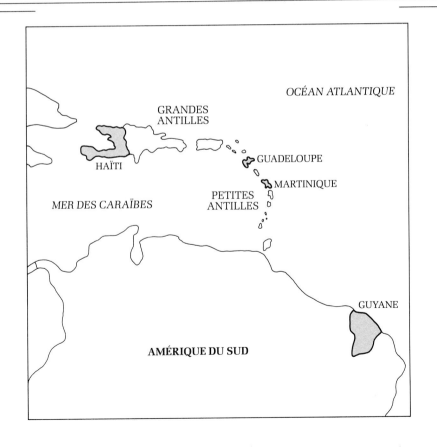

OCÉAN ATLANTIQUE

GRANDES
ANTILLES

GUADELOUPE

HAÏTI

MARTINIQUE

MER DES CARAÏBES

PETITES
ANTILLES

GUYANE

AMÉRIQUE DU SUD

APERÇU LINGUISTIQUE

E. Goyheneche

Le seul mot de créole éveille[1] en notre souvenir tout un monde suranné[2] et poétique, ce XVIIIe siècle des Isles où le charme de la vieille France était relevé d'un parfum d'exotisme, la jeunesse de l'impératrice Joséphine, qui n'oublia jamais sa langue maternelle et, plus près de nous, les biguines[3] sentimentales, la chanson «Adieu foulards, adieu madras[4],» qui salue à son départ de Fort-de-France le paquebot qui «part pour France».

Le parlers[5] créoles des pays que l'on appelle encore avec une nuance d'affection «les vieilles colonies», méritent l'intérêt à plus d'un titre. Grâce à leur éloignement[6], ils sont parmi les plus vivaces[7] des dialectes régionaux français; parlés—sinon écrits—par toutes les classes de la société, ils sont le moyen d'expression de cet «esprit créole» si original et si attachant qui a donné un folklore où les traditions françaises se mêlent aux mythologies caraïbes et africaines; ils perpétuent sur des territoires actuellement anglais ou américains l'empreinte d'une séculaire présence française; enfin ils sont issus du français dans la même mesure que les divers parlers de France, l'espagnol ou l'italien sont issus du latin.

Un Outil Pratique

Les créoles français sont un aspect d'un phénomène plus général: partout où un peuple européen s'est trouvé en relations suivies—commerciales ou politiques—avec des populations, que nous appellerons exotiques d'un point de vue européen, il s'est formé un langage simplifié venu pour l'essentiel de la langue du peuple européen mais tenant une partie de son vocabulaire et de ses caractères syntaxiques ou morphologiques des langues des populations autochtones[8], souvent des emprunts à des langues très différentes ont constitué un langage peu cohérent mais, par cela même, utile aux relations entre populations d'origine et de civilisation différentes. Au début, ce langage n'a servi qu'aux relations les plus élémentaires—troc[9], ordres donnés de chef à subordonné, etc.—entre individus qui conservaient par ailleurs l'usage de leur langue nationale; c'était essentiellement un outil pratique et non une langue de culture ni même une langue d'expression. Certains de ces langages sont disparus avec les relations qui les avaient engendrés: le *sabir* ou lingua franca de la Méditerranée, par exemple; d'autres en sont restés à ce stade de langage occasionnel, purement utilitaire, comme *l'inglés de escalerilla* parlé à l'échelle de coupée[10] des navires par les petits marchands de Malaga, d'Almeria ou de la Linea avec leurs clients anglais, certains pidgins issus de l'anglais en Extrême-Orient, en Sierra Leone, en Polynésie, en Afrique, le *kitchen kafir* utilisé dans les centres miniers de l'Afrique du Sud. Dans certains cas, cependant, ces «créoles» ont supplanté les langues nationales par suite d'un usage prolongé et de certaines circonstances historiques, ils se sont enrichis et affinés[11], ont donné naissance à un folklore oral et parfois même à une littérature écrite: ainsi le négro portugais et l'indo-portugais, le *papiamento* qui, de Curaçao, s'est étendu sur toute la côte S. de la mer Caraïbe, ainsi les divers créoles français.

Créoles des Mascareignes[12] et Créoles d'Amérique

Les conditions qui ont favorisé le développement des créoles français sont essentiellement:

* la transplantation, à des milliers de kilomètres de leur terre natale, d'esclaves africains de langues très différentes d'où la necessité pour eux de trouver un moyen d'expression commun
* le contact prolongé entre ces esclaves et leurs maîtres français
* enfin, la disparition presque totale des populations antillaises primitives (Caraïbes, Arawaks) qui n'ont pu laisser de traces que dans le vocabulaire de cette langue commune.

On peut diviser les créoles français en deux groupes principaux: les créoles des Mascareignes—Réunion et Maurice—et les créoles d'Amérique: Louisiane, Haïti, Petites Antilles (Guadeloupe, Dominique, Martinique, Sainte-Lucie, Saint-Vincent, Grenade), Trinidad et Guyane. Non seulement ces deux groupes sont différents, mais encore les parlers des territoires énumérés ci-dessus se sont diversifiés. Phénomène d'insularité qui se trouve aux Antilles jusque dans la flore et la faune, puis circonstances historiques: tandis que la Martinique et la Guadaloupe restaient françaises pendant la plus longue partie de leur histoire, les autres Petites Antilles et la Louisiane devenaient, l'une partie intégrante des États-Unis, les autres, colonies anglaises après avoir été peuplées puis occupées par des Français pendant un siècle ou deux; le créole français qui y est toujours parlé a donc subi une forte influence anglaise.

A Trinidad, colonie espagnole, le créole est le résultat d'une forte immigration de colons français des Antilles, ensuite l'île devint colonie anglaise et reçut de nombreux immigrants hindous et chinois, et adopta enfin dans ses ports le *papiamento*.

En Guyane, le créole a subi l'influence du portugais du Brésil, du hollandais, de l'anglais, des parlers indiens toujours vivants sur les bords de l'Orénoque et, enfin, du vocabulaire particulier au bagne[13].

Haïti ayant accédé à l'indépendance au début du XIXe siècle, le créole est devenu la seule langue parlée, tandis que le français, qui restait la langue de culture, a gardé un certain archaïsme.

Les langues cafres[14]—langues maternelles des esclaves de la côte E. de l'Afrique—ont contribué, avec le malgache, à différencier les créoles des Mascareignes de ceux d'Amérique; en outre, tandis que la Réunion (ancienne île Bourbon) demeurait française, l'île de France devenait anglaise sous le nom d'île Maurice.

Maternelle mais pas Officielle

En aucun pays le créole n'a le rang de langue officielle. Dans les départements français d'Outre-Mer et dans les petites Antilles anglaises il est parlé par l'immense majorité de la population; il est la langue maternelle de tous les Haïtiens; en Louisiane, il recule devant l'anglais, comme d'ailleurs le français encore très vivant il y a un demi-siècle; à Trinidad, il est le moyen d'expression d'une minorité en voie de disparition; à Maurice, il est menacé à la fois par l'anglais et par les langues malabars. Il est donc difficile d'évaluer le nombre d'individus dont il est la langue maternelle et le moyen habituel d'expression.

Adaptation d'un article du Guide Bleu—Antilles, Guyane, Haïti

VOCABULAIRE

1.	**éveiller**	=	provoquer
2.	**suranné**	=	démodé, ancien
3.	**biguine** *(f.)*	=	danse populaire des Antilles
4.	**«Adieu foulards, adieu madras»**	=	chanson populaire des Antilles
5.	**parler** *(m.)*	=	langue
6.	**éloignement** *(m.)*	=	distance
7.	**vivace**	=	durable, qui dure
8.	**autochtone**	=	natif
9.	**troc** *(m.)*	=	*swap*
10.	**échelle de coupée**	=	*gangway ladder*
11.	**affiner**	=	rendre plus pur
12.	**Mascareignes**	=	groupe d'îles de l'océan Indien: Réunion, Maurice [*Mauritius*], Rodrigues
13.	**bagne** *(m.)*	=	*penal colony*
14.	**cafre**	=	*Kafir, Bantu*

TITIMES (DEVINETTES CRÉOLES)

—Maman moin ni an Ti bolhom-me, tout temp i pa crévé dé zié ï ipa ka mâché?

(Maman a un petit bonhomme: tant qu'elle ne lui crève pas les deux yeux, il ne travaille pas?)

—Cizo!

(Des ciseaux!)

—Qui ça ou ka métté assou tabe, ou ka coupé ï, ou pas ka mangé ï?

(Que mettez-vous sur la table, que vous coupez, mais que vous ne mangez pas?)

—Catt!

(Les cartes à jouer!)

—Moin pa ni roi, ni reine, quand yo bisoin moin, yo ka liché dèïè moin?

(Je ne suis ni roi ni reine, mais quand on a besoin de moi on me lèche[1] le derrière?)

—An tin-me!

(Un timbre-poste!)

PROVERBES

Dileau tomber pas qua ramasser.

(L'eau tombée ne se ramasse pas.

—Les paroles imprudentes ne se rattrapent[2] pas.)

(Proverbe en créole guyanais)

Riche fait con i vlé, malhéré fait con i pé.

(Le riche fait ce qui lui plaît, le malheureux fait comme il peut.

—Il faut agir selon ses moyens.)

(Proverbe en créole guadeloupéen)

VOCABULAIRE

1. **lécher** = *lick*
2. **rattraper** = attraper de nouveau

LA GUADELOUPE

Population : 330.000 habitants
Superficie : 1.779 km^2
Capitale : Pointe-à-Pitre
Langues parlées : Français, créole

Simone Schwarz-Bart est née le 8 janvier 1938 en Guadeloupe. Elle a fait des études à Pointe-à-Pitre, Paris et Dakar. Son premier roman, Un Plat de porc aux bananes vertes (1967), était écrit en collaboration avec son mari, André Schwarz-Bart. En 1972, elle a publié Pluie et vent sur Telumée Miracle et Ti-Jean l'horizon, son troisième roman était publié en 1979.

TI-JEAN L'HORIZON

Simone Schwarz-Bart

L'île où se déroule cette histoire n'est pas très connue. Elle flotte dans le golfe du Mexique, à la dérive[1], en quelque sorte, et seules quelques mappemondes[2] particulièrement sévères la signalent. Si vous prenez un globe terrestre, vous aurez beau regarder, scruter[3] et examiner, user la prunelle[4] de vos yeux, il vous sera difficile de la percevoir sans l'aide d'une loupe. Elle a surgi tout récemment de la mer, à peine un ou deux petits millions d'années. Et le bruit court qu'elle risque de s'en aller comme venue, de couler sans crier gare[5], soudain, emportant avec elle ses montagnes et son petit volcan de soufre, ses vertes collines où s'accrochent des cases[6] rapiécées[7], comme suspendues dans le vide et ses mille rivières si fantastiques et ensoleillées que les premiers habitants la baptisèrent ainsi: l'Ile-aux-belles-eaux...

En attendant, elle se maintient sur une mer couveuse[8] de cyclones, une eau de couleur changeante, qui vire constamment du bleu le plus tranquille au vert et au mauve. Et elle nourrit toutes qualités d'êtres étranges, hommes et bêtes, démons, zombis et toute la clique[9] à la recherche de quelque chose qui n'est pas venu et qu'ils espèrent vaguement, sans en savoir la forme ni le nom; elle sert aussi de halte aux oiseaux qui descendent pondre leurs œufs au soleil...

A vrai dire c'est une lèche[10] de terre sans importance et son histoire a été jugée une fois pour toutes insignifiante par les spécialistes. Elle a pourtant eu ses saisons du mal, connu de grandes fureurs autrefois, larges et beaux épanchements[11] de sang dignes d'attirer l'attention des personnes lettrées. Mais tout cela est oublié depuis fort longtemps, les arbres eux-mêmes n'en ont pas gardé le moindre souvenir, et les habitants de l'île pensent que rien ne s'y passe, rien ne s'y est passé et rien ne s'y passera, au grand jamais[12], jusqu'au jour où l'île s'en ira rejoindre ses sœurs aînées qui tapissent[13] le fond de l'océan.

Ils ont pris l'habitude de cacher le ciel de la paume de leurs mains. Ils disent que la vie est ailleurs, prétendent même que cette poussière d'île a le don[14] de rapetisser[15] toutes choses; à telle enseigne que si le bon Dieu y descendait en personne, il finirait par tomber dans le rhum et la négresse, tout comme un autre, ouaye[16]...

Adaptation de Ti-Jean l'horizon

VOCABULAIRE

1.	**dérive** *(f.)*	=	à l'écart
2.	**mappemonde** *(f.)*	=	carte qui représente le globe terrestre
3.	**scruter**	=	regarder de près, examiner
4.	**prunelle** *(f.)*	=	pupille de l'œil
5.	**sans crier gare**	=	*without warning*
6.	**case** *(f.)*	=	maison pauvre
7.	**rapiécer**	=	réparer avec des pièces
8.	**couveuse**	=	*incubator*
9.	**clique** *(f.)*	=	groupe
10.	**lèche** *(f.)*	=	morceau
11.	**épanchement** *(m.)*	=	écoulement
12.	**au grand jamais**	=	*to all eternity*
13.	**tapisser**	=	couvrir comme un tapis
14.	**don** *(m.)*	=	l'aptitude à une chose
15.	**rapetisser**	=	rendre plus petit
16.	**ouaye (aussi ouais)**	=	oui, *yeah!*

MA GUADELOUPE

Souvent, quand on me demande des renseignements sur d'éventuelles vacances aux Antilles, je reste évasif: «Il n'y a pas grand-chose à voir... sinon des moustiques...». Puis je m'étends sur le racisme, la vie chère à cause de

la proximité des États-Unis, les constructions en béton[1] comme cet hôpital créé pour la métropole et transplanté tel quel à Pointe-à-Pitre. Mais, au fur et à mesure que mon interlocuteur me pose des questions, je me surprends à m'exalter pour cette terre minuscule.

Je parle des arbres immenses, des forêts, où quelques milliers de tours Eiffel naturelles poussent sous le nom de fromager[2], acajou[3]. Je parle du très secret Saint-John Perse*, qui a quitté la Guadeloupe à l'âge de 12 ans, sans jamais y retourner, mais dont toute l'œuvre y ramène. Des cases transportables, d'un point à l'autre de l'île, sur un camion ou un char à bœufs. Et quand mon questionneur me pose le sempiternelle[4] question: «Où faut-il aller, en Martinique ou en Guadeloupe?», je réponds enfin: «Si tu aimes les serpents, va en Martinique, ils ne rampent[5] que chez nos voisins.»

On dit que, sur la carte, la Guadeloupe forme, comme posé sur la mer, un papillon dont le corps serait la rivière Salée et les ailes Basse-Terre et Grande-Terre.

Des dépendances[6] l'entourent, Saint-Martin, Saint-Barthélemy, Marie-Galante, l'île à l'allure de flibustier des mers[7], et les Saintes, où vivent,

---

*St.-John Perse pseudonyme d'Alexis Saint-Léger, diplomate et poète français, né à la Guadeloupe en 1887; auteur de poèmes. Il a gagné le Prix Nobel pour la littérature en 1960.

depuis des siècles, des descendants d'habitants de l'Armorique[8]. Enfin, la Désirade, cette ancienne léproserie[9] qui a la forme d'un tombeau. Au XVIIIᵉ siècle, les bateaux rejetaient au loin les lépreux avec leur barda[10] et les nouveaux occupants devaient nager jusqu'au rivage... pour s'y faire ensuite piller[11] par les anciens. C'est une île aujourd'hui peuplée d'iguanes et d'agoutis[12]. En créole, être «mis en désirade», c'est être laissé pour compte. Quand, lors d'une fête, les membres d'une famille réunie se trouvent treize à table, ils font une «désirade»: une petite table placée à côté de la grande où le plus jeune, avec un complice d'élection s'installe.

Pointe-à-Pitre sur la Grande-Terre est la seule ville au monde où je me sente chez moi. Non par quelque chauvinisme bien ancré, mais... hors de ce lieu, je perds tout sens de l'orientation. Et tous les chemins de Pointe-à-Pitre mènent à la rue de Nozières. Cette rue étroite, à la perspective démesurée[13], aux magasins juxtaposés, où la langue créole semble apprivoiser[14] l'air alentour, s'affirme dans ce magma[15] humain, des marchandes de snobol (glace pilée avec du sirop) aux vendeurs de journaux, qui crient les catastrophes: «Soufrié la ka pété!» (La Soufrière* est en éruption!), tandis que les passants pressés, excités s'engouffrent[16] dans quelque échoppe[17] dont les climatiseurs ronflants[18] rafraîchissent à peine quelques mètres cubes. C'est le règne du geste brusque, de la parole pointue. Les voitures encombrent la rue, klaxonnent à plaisir, les chiens aboient. Ce tintamarre[19] ne semble gêner personne, chacun vit son propre brouhaha.

Dans les boutiques, biguines[20] et reggaes crient sur les ondes. Ici s'étalent des kilomètres de comptoirs, tantôt pour les bars ou les gâteaux, tantôt pour les disques, souvenirs, billets de loterie. Tout ce fleuve bigarré[21] va se jeter dans un océan de fruits et de légumes, ignames[22], patates douces[23], aubergines[24], mangues[25], cocos verts[26]. Les cocoricos des «coqs sur pattes», les poissons et les crustacés multicolores et muets les fleurs du jardin d'Eden: c'est, au bout de la rue de Nozières, le marché de Pointe-à-Pitre. Les paysannes, descendues de leur campagne, y viennent portant haut et fier leur panier sur la tête. Habillées de madras[27] et coiffées de chapeau de paille à large bord, hautes en couleur, en forme et en parfum, elles couvrent des fruits de leur récolte le sol et les tables en granit du marché. Les discussions s'engagent, en créole. Les «zoreilles» (Français) qui s'y immiscent[28] sont parfois floués[29]. Les prix s'affichent rarement, c'est à la tête du client, connu ou non de la marchande, réputée être renseignée sur les moindres faits et gestes de chacun.

A l'heure de la sieste, tout ce monde «a finebat» (est mort), le marché, vidé, lavé à grands coups de jet. Végétaux, restes de viande, têtes de poissons se mêlent, formant un ruisseau multicolore qui s'enfuit dans le dalot[30]. La rue de Nozières s'écartèle en plein soleil, quelques chiens jaunes, pelés[31] s'y promènent encore, en quête de nourriture.

---

*La Soufrière est un volcan actif à Basse-Terre.

Laissons Pointe-à-Pitre à sa douce quiétude, quittons la Grande-Terre et ses plages, fiefs d'hôtels de luxe, son golf de Saint-François, arrosé chaque jour dans un pays sans eau, dont le sol sec se craquelle[32], cuit par le soleil. Tout brûlé à Saint-François. Je me souviens qu'un jour, en plein midi, j'ai vu un champ immense carbonisé[33], les bêtes à cornes jetées sur le flanc, les jambes raides, calcinées[34]. L'air était chaud, irrespirable. Les paysans regardaient le spectacle de leur vie, l'œil absent, usés par trop de cette fatalité qui fait que même la racine du cœur se dessèche. Ce bœufs étaient «leur yon é leur tou» (leur unique bien). A l'hôtel Méridien, tout proche, on continuait à gaspiller l'eau.

Quittons aussi les champs de canne, mer de terre aux vagues onduleusement illuminées par le soleil. Des enfants en guenilles[35] parfois y jouent, y rapinent[36] un «bout» qu'ils déchiquettent savamment à pleines dents, les yeux ronds de plaisir. Les ouvriers agricoles, sur ces bois, usent leurs muscles et émoussent leurs coutelas[37].

Petit Canal, Morne à l'eau, Abymes. Les mornes[38] sont assis là, en plein soleil, loin des cartes postales. Immobiles. Les cocotiers échevelés[39] s'accrochent à leurs crânes chauves. Le fruit à pain pousse au pied de chaque case. La terre autour de la case est usée, les enfants y poussent en bande à même le sol, le ventre proéminent[40] habité de vers. Une demi-calebasse[41] tient lieu d'écuelle[42]. Des haillons amassés dans la case—qui reste malgré tout étonnamment propre—servent de couche[43] aux enfants «Premié couché gainyin caban» (le premier qui se couche amasse le plus de haillons—et, de ce fait, a le meilleur lit»). Ce proverbe, mieux que tout autre, donne la double mesure du jeu et du drame.

Contournons les mornes jusqu'à Port-Louis et sa plage abritée[44] sous des flamboyants. Les flamboyants incandescents font leur prière de fleur, cierges illuminés et tendus vers la mer Caraïbe sur un fond tout blanc: c'est le cimetière marin de Port-Louis, aux tombes immaculées et badigeonnées[45] de soleil aveuglant, peuplé de crabes de terre, habitants marchant de côté, affairés, complices de la mort. Tout au bout, sous le vent, la pointe des Châteaux, où la mer brise la roche à grands coups de tête.

Mais laissons cela, laissons ces latérites[46] vallonnées, franchissons la rivière Salée par le seul tronçon[47] d'autoroute remplaçant le pont écroulé qui unissait la Grande à la Basse-Terre.

Ici, sur Basse-Terre, plus on grimpe vers la Soufrière, plus la végétation prend aisance et démesure. Les fruits, venus de mille ailleurs, s'accrochent à leurs solides ramures. A l'entrée de Capesterre, les palmiers royaux, immenses, bordent la route sur plus d'un kilomètre, zébrant[48] alentour les champs de leur ombre droite. L'air est humide et moit[49], surtout en saison d'hivernage, lorsque l'île se transforme en serre[50] à ciel ouvert. Les bananeraies[51] alourdies par le poids des régimes[52] montent en grappes leurs flèches de fruits bombés[53] vers le haut.

A mesure que l'ascension s'effectue, la végétation se raréfie, une très forte odeur de soufre émane de la Soufrière. L'air est humide et froid. La

savane[54] à mulets, large esplanade, sert de départ, de marchepied[55]. Un énorme rocher balise[56] le lieu. Les sources sulfureuses, les fumerolles[57] forment un décor apocalyptique. Les nuages s'accrochent et s'effilochent[58] sur les pans escarpés du monstre encore vivant. Au sommet, les cratères, gueules[59] ouvertes vers la nuit du bouillant, du terrible, attendent l'accouchement impétueux de la matière.

Je voudrais pour conclure rendre hommage à ces îles sans amarres[60] que furent les immenses paquebots de la Compagnie générale transatlantique: le «Colombie», les «Antilles» et le «Flandre». Ils ont disparu des ports, mais sont à l'ancre dans l'album de souvenirs de chacun, navigueurs au long cours qui relièrent la Guadeloupe et la Martinique au lointain Havre de la métropole. Je les revois encore, immenses, immaculés, illuminés de soleil, encastrés[61], brisant toute perspective, entre deux maisons des quais de Pointe-à-Pitre. Les familles restant au pays accompagnaient ceux qui voyageaient vers ce lointain, et ce souvent sans retour. C'était l'arrachement du départ. Je revois les mouchoirs, le lent déchirement au pas à pas des remoqueurs[62], accompagné par le traditionnel chant du port de Pointe-à-Pitre, «Adieu foulards, adieu madras...».

Mais d'où venons-nous, nous qui sommes de l'Atlantique?

Adaptation d'un article de L'Express

VOCABULAIRE

1. **béton** *(m.)* = concrete
2. **fromager** *(m.)* = kapok
3. **acajou** *(m.)* = mahogony
4. **sempiternel** = éternel, continuel
5. **ramper** = glisser
6. **dépendance** *(f.)* = tout ce qui fait partie d'un territoire
7. **un flibustier des mers** = pirate des mers
8. **Armorique** = partie de la France, la Bretagne
9. **léproserie** *(f.)* = hôpital pour les lépreux
10. **barda** *(m.)* = baggage
11. **piller** = voler
12. **agouti** *(m.)* = large rodent (related to the guinea pig)
13. **démesuré** = excessif
14. **apprivoiser** = tame
15. **magma** *(m.)* = masse
16. **s'engouffrer** = pénétrer, se précipiter
17. **échoppe** *(f.)* = petite boutique
18. **ronflant** = snoring
19. **tintamarre** *(m.)* = grand bruit
20. **biguine** *(f.)* = danse populaire des Antilles
21. **bigarré** = variegated, mottled
22. **igname** *(f.)* = yams
23. **patate douce** = sweet potato
24. **aubergine** *(f.)* = eggplant
25. **mangue** *(f.)* = mango
26. **coco vert** = green coconut
27. **madras** *(m.)* = tissu
28. **s'immiscer** = se mêler sans droit
29. **floué** = cheated
30. **dalot** *(m.)* = drain
31. **pelé** = sans poils
32. **se craqueler** = se briser
33. **carbonisé** = brulé
34. **calciné** = brulé

35.	guenilles	=	des habits usés
36.	rapiner	=	voler, prendre par violence
37.	émousser leurs coutelas	=	*blunt their cutlasses*
38.	mornes	=	petites montagnes isolées dans les Antilles
39.	échevelés	=	cheveux en désordre
40.	proéminent	=	*protruding*
41.	demi-calebasse *(f.)*	=	*half a gourd*
42.	écuelle *(f.)*	=	*bowl*
43.	couche *(f.)*	=	lit
44.	abriter	=	protéger
45.	badigeonné	=	*whitewashed*
46.	latérite *(f.)*	=	terre rouge
47.	tronçon *(m.)*	=	partie d'un tout
48.	zébrer	=	marquer de raies
49.	moite	=	*muggy*
50.	serre *(f.)*	=	*greenhouse*
51.	bananeraie *(f.)*	=	plantation de bananiers
52.	régime *(m.)*	=	assemblage de fruits
53.	bombé	=	*arching, curving*
54.	savane *(f.)*	=	prairie
55.	marchepied *(m.)*	=	point de départ
56.	baliser	=	marquer
57.	fumerolles *(f.)*	=	émissions gazeuses d'un volcan
58.	s'effilocher	=	se déchirer
59.	gueule *(f.)*	=	bouche
60.	amarre *(f.)*	=	*cable*
61.	encastrés	=	*embedded*
62.	remorqueur *(m.)*	=	*tugboat*

LA FÊTE DES CUISINIÈRES

Chaque pays a son folklore qu'il tient à défendre et à conserver jalouse-ment, celui de la Guadeloupe est admirable, mais, depuis quelque temps, une coutume s'y est installée, débordante[1] d'une chaleur humaine, d'un dynamisme qui surprend et réjouit en même temps: *la Fête des Cuisinières.*

Cette manifestation à caractère mi-folklorique mi-religieux, se déroule[2] pendant le mois d'août, aux alentours[3] du 10. Elle suscite une sorte de curiosité qui grandit avec les ans et déborde les limites de la Guadeloupe.

Chaque année en juillet, à peu près à la date de fondation, il y a une messe pour le repos de l'âme des sociétaires décédés; vers le 10 août il y a une autre messe en l'honneur de notre Patron Saint Laurent qui, sous le règne de l'Empereur Valérien, en 258, a été brûlé vif sur un gril. Les cuisinières ont choisi Saint Laurent comme Patron, justement parce qu'il a été brûlé sur un gril, lequel rentre dans la catégorie des ustensiles ou instruments de cuisine.

La Messe des Cuisinières est célébrée en la Cathédrale Sainte-Pierre et Sainte-Paul de Pointe-à-Pitre. Elle commence à 10 heures du matin et prend fin à 11 heures. Un défilé a ensuite lieu à travers les rues de la ville et vers 12 heures, le cortège arrive à l'Ecole Amédée Fengarol.

Drapeau en tête marqué «SOCIETE SAINT LAURENT» portant l'effigie du Saint, accompagné de deux autres drapeaux appelés «Cannes major», la statue de Saint Laurent en voiture, suivie de fillettes en costume local, Madame la Présidente entourée de ses dames d'honneur, les dames sociétaires[4] et invitées sur trois rangées, les hommes en suite, le cortège rutilant[5] défile.

Chaque année une nouvelle toilette est portée par les dames, respectant toutefois la tradition du costume local avec grande robe, jupon, foulard, madras[6] et bijoux créoles.

Il est d'usage que chaque participante-sociétaire porte un panier rempli de victuailles agrémenté de fleurs et d'ustensiles de cuisine de toutes sortes ce qui contribue à donner au défilé cette particularité propre au Cuistot Mutuel.

A l'entrée de l'école, vous observez, je crois, un rite qu'il me plairait vous entendre préciser.

A l'école, le Saint entre tout d'abord. Sur son passage, deux maîtresses de cérémonie sonnent des clochettes. Après le Saint, on suit un ordre hiérarchique: une des maîtresses de cérémonie dit à haute voix: «Entrez, Madame la Présidente» ou «Entrez, Madame la vice-Présidente» «Entrez, Madame la première dame d'honneur» et ainsi de suite.

Sur le passage de ces personnes, des clochettes sont agitées.

A l'école, le Saint est placé sur une table et à ses pieds, tous les paniers remplis de plats cuisinés, de fruits, de fleurs.

Les convives[7] prennent place. Le discours d'usage est prononcé par le président. Ensuite, ceux qui le désirent prennent la parole. Après, le champagne est sablé[8]. Le lunch est servi, arrosé de punch et l'on danse sur la musique d'un orchestre local en renom.

Vers 16h, on se sépare.

Il est d'usage que la fête continue pendant plusieurs semaines à travers plusieurs communes de la Guadeloupe.

D'après l'information de l'office départemental du tourisme de la Guadeloupe

VOCABULAIRE

1.	**déborder**	= dépasser les bords
2.	**se dérouler**	= avoir lieu
3.	**alentours** *(m.)*	= environs
4.	**sociétaire** *(m.)*	= membre
5.	**rutilant**	= *gleaming*
6.	**madras** *(m.)*	= *head cloth of madras fabric*
7.	**convive** *(m.)*	= invité
8.	**sabler**	= boire d'un trait

Maryse Condé est née à Pointe-à-Pitre en 1937. Elle quitte la Guadeloupe pour la France en 1953. Elle y étudie et en 1961 part en Afrique où elle va passer une dizaine d'années. Elle rentre en Guadeloupe mais revient souvent à Paris pour sa thèse de doctorat et pour enseigner dans diverses universités parisiennes. Elle écrit pour plusieurs journaux ou revues africains tels: Africa, Demain l'Afrique, Présence Africaine et jusqu'en 1980 elle faisait des émissions culturelles à Radio-France Internationale.

Elle a écrit plusieurs pièces de théâtre et romans dont Ségou, un «best seller» publié en 1984. Dieu nous l'a donné était publié en 1972.

DIEU NOUS L'A DONNÉ

Maryse Condé

Tableau 1

Dieudonné et Gastonia. Chez Gastonia. Une table avec les restes d'un repas. Gastonia est penchée vers Dieudonné. Pénombre. Musique.

GASTONIA. C'est drôle comme je me suis attachée à toi...!

DIEUDONNÉ *(se dégageant).* Tu as eu tort!

GASTONIA. Pourquoi me dis-tu cela? Et sur ce ton?

DIEUDONNÉ. Parce qu'il le faut... Je ne suis pas venu à Grand Anse pour me vautrer[1] entre tes draps, manger ton calalou[2], siroter[3] tes punchs[4]... Oh, je sais, je sais ce que tu vas me dire... Gastonia, c'est la dernière fois que je viens ici.

GASTONIA. La dernière fois...

DIEUDONNÉ. La dernière fois... *(Silence)* Laisse-moi t'expliquer. Je suis venu ici dans un but; je suis venu ici dans un but précis. J'ai d'abord pensé que pour cela, tu pouvais m'aider; finalement, tu... tu me gênes... A cause de mes relations avec toi, j'éveille[5] encore plus de méfiance. Ceux... ceux que je veux gagner, s'étonnent. Ils ne comprennent pas. C'est comme si un prêtre venu pour donner l'Extrême-Onction, laissait le mourant dans la case, s'asseyait avec les veilleurs, riait, buvait, disait des contes «Tim, tim, bois sec[6]». Tu vois l'effet?

GASTONIA. Oh oui, très bien... Dieudonné, tu crois vraiment que je suis une femme qu'on prend, qu'on laisse, «j'ai cru que tu pouvais m'aider... Et puis, non, tu me gênes...»

DIEUDONNÉ. Essaie de comprendre. Je suis venu ici pour apprendre à des hommes à exiger leur dû...

Extrait de Dieu nous l'a donné

VOCABULAIRE

1.	**se vautrer**	=	*to wallow*
2.	**calalou** *(m.)*	=	soupe typique des Antilles
3.	**siroter**	=	boire à petits coups
4.	**punch**	=	boisson de rhum typique des Antilles
5.	**éveiller**	=	provoquer, *to awaken*
6.	**Tim, tim, bois sec**	=	devinettes

Exercices

1. Utilisant le texte de Simone Schwarz-Bart comme exemple, décrivez votre ville.

2. Comparez la description de la Guadeloupe donnée par Simone Schwarz-Bart avec celle donnée par Daniel Radford.

3. Imaginez que vous êtes en Guadeloupe pour la Fête des Cuisinières. Décrivez les événements pour la classe.

LA GUYANE

Population : 74.000 habitants
Superficie : 90.000 km^2
Capitale : Cayenne
Langues parlées : Français, créole, langues indiennes

PORTRAIT GEOGRAPHIQUE

La Guyane prolonge l'océan, seule la couleur change. L'immensité bleue, figée[1] par l'altitude, se transforme soudain en un moutonnement[2] vert qui prend tout l'horizon. Pas le moindre défaut dans cette cuirasse[3] végétale, si ce n'est la mince coulée d'une rivière.

Département français isolé en Amérique du Sud, à 9.000 km de la métropole (4h de décalage[4] horaire), distante encore de 1.500 km de la Martinique et de la Guadeloupe (2h de décalage horaire), la Guyane semble détenir le record des originalités.

C'est le département de France le plus vaste (90.000 km^2, soit 1/6 de l'Hexagone), tout en étant le moins peuplé (74.000 habitants seulement). C'est le département le plus forestier (la forêt couvre 94% de sa superficie[5]), mais également le plus urbanisé, car les trois quarts de sa population sont rassemblés dans l'île de Cayenne. En gros, la Guyane a la forme d'un cœur ou plus prosaïquement d'un immense quadrilatère irrégulier de 400 km sur 320. Dans l'ensemble sud-américain, c'est un morceau d'un manteau végétal, aux frontières naturelles mal définies. La bordure atlantique même réussit à être indistincte; la mer et les boues apportées par les fleuves se mélangeant intimement pour donner une teinte brunâtre uniforme, bien au-delà de la côte.

Dernières Chances

Depuis 1965, le gouvernement a fait des efforts pour moderniser le pays, mais il reste encore beaucoup à faire. Un centre spatial[6] a été créé. Au début, il a apporté de grosses espérances, qui ne se sont d'ailleurs pas concrétisées[7] dans les faits. Mais il semble qu'une nouvelle impulsion vient du lui être donnée. Par ailleurs, répondant à l'appel du ministre des

«D.O.M.–T.O.M.[8]», des Asiatiques, en l'occurence quelque cinq cents réfugiés «Hmongs» originaires des Hauts Plateaux du Laos, sont venus s'installer en 1977, à Roura sur les bords de la Comté. Encadrés[9] par deux missionnaires, ils ont en vingt mois réussi la mise en valeur[10] de trois cents hectares de forêt.

Extrait du Guide Bleu—Antilles, Guyane, Haïti

VOCABULAIRE

1.	**figer**	=	immobiliser
2.	**moutonnement** *(m.)*	=	comme la laine d'un mouton
3.	**cuirasse** *(f.)*	=	armure
4.	**décalage** *(m.)*	=	différence
5.	**superficie** *(f.)*	=	étendue d'une surface
6.	**spatial**	=	qui se rapport à l'espace
7.	**concrétiser**	=	fixer
8.	**D.O.M.–T.O.M**	=	Département d'Outre-Mer–Territoire d'Outre-Mer
9.	**encadrer**	=	*to serve as chiefs, heads*
10.	**mise en valeur**	=	donner une valeur à quelque chose

SOUS LA PLUME DE SINNAMARY

A mi-chemin entre Cayenne et Saint-Laurent, Sinnamary, quartier général des chercheurs d'or, a connu ses jours de gloire lorsque le métal précieux hantait les esprits.

Malheureusement les paillettes[1] et les pépites[2] n'étaient pas si nombreuses que les orpailleurs[3] et aujourd'hui l'animation a fait place au silence. De cette époque, il ne reste que de jolies maisons de bois et le savoir-faire de quelques artisans bijoutiers qui transforment les rares pépites en filigrane 24 carats artistement ouvragé.

Cette petite ville devait donc trouver autre chose que la chasse, la pêche ou l'agriculture pour redorer son blason[4] pourquoi pas les plumes? Il fallait y penser, il y en a tant qui se perdent lors de la préparation du gibier provenant de la grande forêt. Sous la houlette[5] des religieuses de l'orphelinat, les femmes de la région ont appris à assembler les pennes[6], à leur donner une forme, à choisir les couleurs. Aujourd'hui, elles sont moins d'une centaine à faire chez elles des fleurs aériennes qui font la réputation de Sinnamary et, pour les visiteurs, un beau souvenir de Guyane.

Les plumes collectées sont très soigneusement lavées et séchées au soleil. Elles sont ensuite lissées[7] et rangées délicatement dans des boîtes, elles ne doivent pas être trop serrées pour éviter les faux plis et l'échauffement. Les ouvrières ne disposent que de ciseaux pour tailler minutieusement les plumes en forme de pétales et de feuilles et d'un fil de coton pour enrouler les tiges de métal. Ensuite l'ouvrière devient artiste car il faut non seulement du goût pour donner à ces fleurs artificielles une apparence plus belle que le vrai, mais aussi un sens de la couleur pour marier adroitement les teintes des différentes plumes. L'imagination fait le reste. Par exemple pour créer le pistil de l'hibiscus, les barbes arrachées à leur penne sont frisées par frottement sur une lame (couteau ou ciseau). Pour donner aux pétales et sépales la forme naturelle, souple et élégante, le même procédé est adopté. De mains expertes naissent des bouquets au toucher soyeux, à l'éclat lumineux, aux couleurs chatoyantes[8]. Les aigrettes fournissent les plumes pour les marguerites[9] immaculées, les aras[10], les perroquets, les hoccos[11] et des dizaines d'espèces sont utilisées pour la confection des glaïeuls[12], des roses et toutes nuances, des buissons ardents, des grappes de bougainvillées, des œillets... mais ce sont surtout les plumes d'ibis qui attirent l'attention par leur belle couleur rouge, tels les hisbiscus au pistil provocant, les amaryllis[13], les hortensias[14]. Les oiseaux domestiques ne sont pas non plus dédaignés car les plumes d'un noir intense sont d'un bel effet dans certaines compositions. Il arrive qu'emportées par leur inspiration, les artistes inventent de nouvelles variétés aux formes originales, aux teintes chaudes empruntées même aux pintades[15] par exemple. S'il est difficile de conserver leur beauté aux vraies orchidées, il est, par contre, très aisé d'emporter ces frêles[16] fleurs en plume. Elles proviennent de la même forêt et elles évoquent en plus des souvenirs humains.

Adaptation d'un article d'Air France Caraïbes

VOCABULAIRE

1.	**paillette** *(f.)*	=	*gold dust*
2.	**pépite** *(f.)*	=	*nugget*
3.	**orpailleur** *(m.)*	=	homme qui cherche l'or
4.	**redorer son blason**	=	redevenir important
5.	**sous la houlette**	=	*under the watchful eyes*
6.	**penne** *(f.)*	=	*tail feathers*
7.	**lisser**	=	*to smooth*
8.	**chatoyant**	=	brillant
9.	**marguerite** *(f.)*	=	*daisy*
10.	**ara** *(m.)*	=	*macaw*
11.	**hocco** *(m.)*	=	oiseau d'Amérique du Sud
12.	**glaïeul** *(m.)*	=	*gladiolus*
13.	**amaryllis** *(f.)*	=	amaryllis
14.	**hortensia** *(m.)*	=	*hydrangea*
15.	**pintade** *(f.)*	=	*guinea fowl*
16.	**frêle**	=	délicat

Léon-Gontran Damas est né à Cayenne le 28 mars 1912. Après des études primaires à Cayenne et secondaires à Fort-de-France, Martinique, il est envoyé à Paris pour étudier le droit. Là, il étudie la littérature et l'ethnologie et se lie avec les surréalistes français et avec Léopold Sédar Senghor du Sénégal et Aimé Césaire de la Martinique.

Les trois vont publier une revue, l'Etudiant noir, en 1934. La revue marque le début de la Négritude. Damas va sortir son premier receuil de poèmes, Pigments, en 1937. Pendant la deuxième guerre mondiale, il s'enrôle dans l'armée et à sa démobilisation en 1942, il rejoint la Résistance.

Homme politique et homme de lettres à la fois, Damas travaille pour l'administration des Colonies et aussi comme Deputé de la Guyane à l'Assemblée Nationale. Il quitte Paris définitivement en 1970 pour s'installer à Washington, D.C., où il deviendra professeur de littérature africaine à Howard University et à Federal City College. Léon-Gontran Damas est mort le 22 janvier 1978.

HOQUET

Léon-Gontran Damas

Et j'ai beau avaler sept gorgées d'eau
trois à quatre fois par vingt-quatre heures
me revient mon enfance dans un hoquet secouant mon instinct
tel le flic[1] le voyou[2]
Désastre
parlez-moi du désastre
parlez-m'en

Ma mère voulant d'un fils très bonnes manières à table
  les mains sur la table
  le pain ne se coupe pas
  le pain se rompt
  le pain ne se gaspille pas le pain de Dieu
  le pain de la sueur du front de votre Père
  le pain du pain

  Un os se mange avec mesure et discrétion
  un estomac doit être sociable
  et tout estomac sociable se passe de rots[3]
  une fourchette n'est pas un cure-dents[4]
  défense de se moucher
  au su[5]
  au vu de tout le monde
  et puis tenez-vous droit
  un nez bien élevé ne balaie pas l'assiette
  et puis et puis

et puis au nom du Père
            du Fils
            du Saint-Esprit
à la fin de chaque repas
    et puis et puis
    et puis désastre
parlez-moi du désastre
parlez-m'en

Ma mère voulant d'un fils mémorandum
    si votre leçon d'histoire n'est pas sue
    vous n'irez pas à la messe dimanche avec
    vos effets de dimanche
    cet enfant sera la honte de notre nom
    cet enfant sera notre nom de Dieu
    Taisez-vous
    vous ai-je dit qu'il vous fallait parler français
    le français de France
    le français du français
    le français français

Désastre
parlez-moi du désastre
parlez-m'en

Ma mère voulant d'un fils de sa mère
    vous n'avez pas salué voisine
    encore vos chaussures de sales
    et que je vous y reprenne dans la rue
    sur l'herbe ou sur la Savane[6]
    à l'ombre du monument aux morts
    à jouer
    à vous ébattre avec untel[7]
    avec untel qui n'a pas reçu le baptême

Désastre
parlez-moi du désastre
parlez-m'en

ma mère voulant d'un fils très do
    très ré
    très mi
    très fa
    très sol
    très si
    très do
    ré-mi-fa
    sol-la-si
            do

Il m'est revenu que vous n'étiez encore pas
à votre leçon de violon
un banjo
vous dites un banjo
comment dites-vous
un banjo vous dites un banjo
non monsieur
vous saurez qu'on ne souffre chez nous
    ni ban
    ni jo
    ni gui
    ni tare
    les mulâtres ne font pas ça
    laissez donc ça aux nègres.

Extrait de Pigments

VOCABULAIRE

1.   **flic *(m.)*** = *(argot)* agent de police
2.   **voyou *(m.)*** = *(argot)* criminel
3.   **rot *(m.)*** = *belch*
4. **cure-dents *(m.)*** = *toothpick*
5.   **su *(m.)*** = connaissance
6.   **Savane *(f.)*** = place publique
7.   **untel** = n'importe qui

Exercices

1. Imaginez que vous êtes guyanais et que vous avez un correspondant aux États-Unis. Décrivez votre pays.
2. Ecrivez un poème dans le style de Damas.
3. Discutez le conflict entre la mère et le fils dans le poème «Hoquet».

L'HAÏTI

Population : 5.400.000
Superficie : 27.750 km^2
Capitale : Port-au-Prince
Langues parlées : Français, créole

21

VAUDOU

Une préoccupation talonne l'étranger qui débarque: «Quand peut-on voir une cérémonie vaudou? Ce soir? Merveilleux! Y aura-t-il un sacrifice? Extraordinaire! On ne me dira rien si je fais des photos?»

Quel mobile torture ainsi notre visiteur? La curiosité métaphysique, religieuse, l'esthétique d'un cérémonial? Allons donc! Ce qu'il recherche c'est ce Saint Graal moderne que représente l'«Insolite[1]». Ah! si l'Office du Tourisme haïtien organisait un Vaudou permanent à l'aéroport et sur le débarcadère[2] des grandes lignes transatlantiques, quelle fortune il amasserait, quelles émotions il procurerait à tous ces voyageurs en quête[3] de sensationnel.

En réalité, le Vaudou en Haïti n'a rien à voir avec ce qu'imagine la candeur[4] du nouveau venu. D'abord il ne relève pas de l'insolite, au contraire, il appartient au quotidien. Tel rythme musical, que l'on écoute entre deux punchs, telle danse, dont on admire l'entrain[5] viennent du Vaudou. Souvent, le surréalisme et le fantastique picturaux en portent aussi la marque. Ces quelques exemples que le visiteur aura sous les yeux pendant la durée de son séjour, il n'en devinera pas l'origine ou la signification, pourtant ils sont l'écume[6] indiscrète d'un phénomène que la masse, les paysans vivent en profondeur, jour après jour.

Le Vaudou, comme l'ont remarqué certains ethnologues, ne possède pas de métaphysique, cette connaissance de l'Inconnaissable, et ne semble pas avoir produit une morale soucieuse du perfectionnement de l'homme*. En revanche, il dispose de tout l'appareil indispensable à la vie d'une religion. D'ailleurs, il emprunte beaucoup au catholicisme: il le réinterprète à

---

*Alfred Métraux, *Le Vaudou haïtien.*
Jean Kerboull, *Le Vaudou, magie ou religion.*

travers les sacrements et les rites, calque[7] son calendrier sur celui de l'Eglise, donne à ses divinités l'image des Saints.

Toutefois, le culte afro-haïtien diffère profondément du romain. Il célèbre les ancêtres et les Esprits, cherche la voie d'un bonheur immédiat, matériel, plutôt que celle du salut. Le paradis qu'il offre à l'âme des morts c'est le retour sous les eaux à la Guinée mystique. Mélange de religion dahoméenne[8], de survivances d'autres croyances africaines, de superstitions populaires de l'Ancien Régime français, d'apports catholiques. «Religion de la famille plutôt que religion de la cité», le Vaudou d'Haïti est un phénomène original, spécifique à ce pays.

Dieu dans la théologie vaudou occupe une place ambigüe. Certes, on ne cesse de l'invoquer mais on ne le considère pas comme le détenteur d'une puissance immédiate. Les expressions «Bon Dieu Bon», «A la grâce de Dieu», «Si Dieu veut» traduisent le poids d'une soumission, d'une résignation, elles ne sous-entendent aucune idée d'appel ou de recours à une force réparatrice[9]. Dieu apparaît comme une image pieusement respectée. Il préside au déroulement de la vie mais n'en corrige pas le cours; il ne redresse pas les injustices, ne donne pas le bonheur, sa bonté se dissout[10] dans une sorte d'indifférence paternelle.

Aussi, contrairement à ce que font les adeptes d'autres religions, les vaudouisants ne s'adresseront pas à Dieu mais à ses Saints, les «Loas», ou Esprits, ou Mystères, qui ne craignent pas de manifester leur existence et

d'intervenir dans les affaires d'ici-bas. Outre les Loas, les pratiquants honorent également les «Marassa» qui sont des enfants jumeaux, décédés et divinisés, et les Morts.

On ignore le nombre des Loas et vraisemblablement personne ne réussira jamais à le déterminer, car rien n'interdit aux Mystères inconnus de se révéler à l'occasion d'une transe ou de la découverte d'un objet bizarre et de réclamer des honneurs.

On classe les Esprits selon deux critères: géographique, religieux. Ainsi on distinguera les «Loas-Guinée», venus d'Afrique, des «Loas-Créoles», apparus du temps de la colonie ou après l'indépendance. Toutefois, on retient généralement la classification qui range les Mystères par rites. On marquera, alors, une différence entre «Loas Rada» (de l'ancienne ville dahoméenne d'Arada) et «Pétro» (du nom d'un «sorcier» du 18e siècle, Don Pedro).

Loas-Rada et Loas-Pétro se différencient par leur comportement qui les rend facilement reconnaissables. Les premiers manifestent de la bienveillance, les seconds, de l'agressivité.

Dans la galerie des divintés vaudou, quelques-unes jouissent d'un grand renom:

«Legba» se présente sous les traits d'un vieillard déguenillé[11], claudiquant[12], appuyé sur un bâton, portant une «macoute[13]» dans le dos. Il sert d'intermédiaire entre les hommes et les Loas, protège les foyers et les chemins. Au moment des crises de possession il se montre d'une brutalité exténuante.

«Aïzan», vieille négresse, épouse de Legba, symbolise la pureté, préside aux cérémonies d'initiation et protège les marchés.

«Loco», métis[14], vêtu en Général, règne sur les arbres et les «docteurs-feuilles», les guérissuers du pays.

«Dambala» et «Aïda-Ouèdo», loas blancs mariés, représentés par deux couleuvres[15] ou un arc-en-ciel, accordent les richesses et la fecondité.

«Agoué», «Maitresse la Sirène», «la Baleine», divinités blanches ou claires aux yeux bleus (évocation des marins français du 17e siècle?) protègent la mer et les étangs.

«Erzulie», belle mulâtresse de mœurs légères, préside à l'amour et à la volupté. Elle a pour blason un cœur quadrillé[16].

«Ogoun», Loa mulâtre, protecteur des forges, des armées et de la sécurité du territoire, personnifie la force.

«Zaka», divinité des paysans, protège les cultures.

Les «Guédés», loas de la mort et des cimetières, s'habillent de noir et portent haut-de-forme[17]. Parmi les plus connus on remarque «Baron-Samedi» le chef, «Baron-La-Croix», «Baron-Cimetière» qu'accompagnent «Guédé-Nibo» et sa femme, «Madame Brigitte».

Grâce à ces divinités, les Haïtiens, comme les Européens des temps païens, vivent dans le merveilleux tour à tour aimable ou oppressant.

Extrait de Haïti—République Caraïbe

VOCABULAIRE

1.	**insolite**	=	contraire aux régles
2.	**débarcadère** *(m.)*	=	quai
3.	**en quête**	=	à la recherche
4.	**candeur** *(f.)*	=	l'innocence, l'ingénuité
5.	**entrain** *(m.)*	=	mouvement vif
6.	**écume** *(f.)*	=	partie superficielle
7.	**calquer**	=	baser, imiter
8.	**dahoméenne**	=	venant du Dahomey en Afrique

9.	**réparateur (rice)**	=	qui répare
10.	**se dissoudre**	=	fondre
11.	**déguenillé**	=	habillé d'habits usés
12.	**claudiquant**	=	qui boite
13.	**macoute** *(f.)*	=	sac
14.	**métis** *(m.)*	=	*half-breed*
15.	**couleuvres** *(f.)*	=	serpent
16.	**quadrillé**	=	divisé en carrés
17.	**haut-de-forme**	=	chapeau de forme cylindrique, *top hat*

René Depestre est né le 29 août 1926 à Jacmel. Il a fait ses études primaires dans cette ville de province avant d'aller à Port-au-Prince pour étudier au Lycée Pétion. Il a publié son premier recueil de poèmes, «Etincelles», à l'âge de 19 ans. Après le lancement du journal La Ruche, qu'il a fondé avec Gérard Chenet et Jacques-Stephen Alexis, il a dû s'exiler d'Haïti. Il a passé une vingtaine d'années à Cuba et il vit actuellement à Paris où il travaille à l'UNESCO. Depestre a publié dix recueils de poèmes, un roman, deux recueils d'essais et des nouvelles.

BARON-LA-CROIX*

René Depestre

Je suis Baron-La-Croix
Le chien qui hurle à la mort
Dans votre jardin c'est moi
C'est moi le papillon noir
Qui vole autour de la table
Un mot de trop et je change
Vos petites vies du Sud
En autant de petites croix
Forgées dans le fer de mon âme!

Extrait d'Un Arc-en-ciel pour l'occident chrétien

SAUCE TI-MALICE[1]

Typiquement haïtienne, la sauce «ti-malice» accompagne les griots de porc[2], les poissons frits, les tassots[3], les oiseaux frits, les sardines boucanées[4], les fritures en général.

---

*Non d'un dieu vaudou (voir p. 162).

La sauce «ti-malice» n'est ni jaune, ni rose, ni onctueuse, ni huileuse, mais blanche et peu graisée. Avant de donner la recette, écoutez l'histoire de la recette.

Dans nos contes créoles, Bouqui[5] est le type de la créature imbécile et niaise[6] au dernier cran[7]. Ti-Malice, son compère, le type de l'imbécile doublé du parfait rusé et du taquin.

Bouqui et «Ti-Malice» sont, tous deux, amateurs de tassots boucants. «Ti-Malice» en mange chaque jour au déjeuner et préparés par lui. Bouqui, son voisin, s'apercevant de cette coutume, prend l'habitude d'être à l'heure du déjeuner chez son ami Ti-Malice, en «pique-assiette[8]».

Ti-Malice lui en offre toujours de grand cœur; mais un jour, de mauvaise humeur, voulant couper court à l'indélicatesse de ce «pique-assiette», il eut la malicieuse idée de mettre dans sa sauce en pleine ébullition des «piments zoazo[9]» cassés en deux, d'en arroser abondamment ses tassots et d'en offrir à son ami bien sérieusement. Quelle est sa surprise de voir Bouqui, d'une main tenir entre ses dents, le tassot donné et de l'autre s'emparer d'un autre morceau, puis s'en aller en courant vers le «Bourg» et en s'écriant heureux: «Mé zammi, vini goûté sauce Ti-Malice fait pour tassot».

Et depuis, la sauce ti-malice s'étendit de la cuisine du bourg à celle de la ville.

La recette: Faire macérer[10] échalottes ou oignons émincés ou en quartiers dans du vinaigre, jus de citron ou jus d'orange sure pour les rendre acides. Dans une casserole non chauffée, mettre échalottes ou oignons trempés avec l'acide aussi, un rien d'eau, un rien de graisse de porc ou d'huile; ajouter, pilés[11] ensemble, du sel, de l'ail et du piment zoazo. Faire cuire. Epicer au goût. Ajouter du citron, du persil émincé et un piment vert entier. Servir en saucière.

Extrait de Recettes simples de cuisine haïtienne et conseils utiles de ménage

VOCABULAIRE

1.	**Ti-Malice** =	*Ti-Malice and Bouki (Bouqui) are popular characters in Haitian oral literature. Their adventures play on Ti-Malice's wit and cunning.*
2.	**griots de porc** =	*grilled shredded pork*
3.	**tassot** =	*dried turkey cooked in sauce*
4.	**boucané** =	fumé
5.	**Bouqui** =	personnage des contes typiques d'Haïti
6.	**niais** =	simple, un peu sot
7.	**cran** *(m.)* =	degré
8.	**pique-assiette** *(f.)* =	celui qui prend ses repas aux frais des autres; *sponger*
9.	**piments zoazo** =	sorte de piment très fort, *bird pepper*

10.   **macérer** = faire tremper une substance dans un liquide

11.   **pilé** = pulverisé

EXCURSION À LA CITADELLE

En Haïti, la Citadelle est considérée comme la huitième merveille du monde, si bien que je n'ai pu résister à la tentation d'escalader la montagne pour examiner ledit chef-d'œuvre.

Plutôt que de prendre l'avion et voir d'en haut défiler le panorma, j'ai hésité entre le car et la voiture, me décidant pour le premier plus pittoresque. L'aventure c'est l'aventure! Je n'ai pas regretté mon choix, car si j'ai sacrifié un peu à l'inconfort, j'ai vécu des moments d'intense émotion lorsque le chauffeur, au lieu de se servir du frein pour éviter les obstacles, actionnait l'accélérateur à grand renfort d'avertisseur[1]. Ce maître de la machine, pilote émérite ou dompteur[2] remarquable m'a quand même donné le temps d'admirer tout ce qui fait le charme d'Haïti et de lier conversation avec des voyageurs chaleureux.

Tôt le matin, à l'heure où il fait encore frais à Port-au-Prince, nous prenons la route. Le bus longe la côte au Nord, traversant de petits villages de huttes en torchis[3] où des femmes pilent le riz dans un mortier[4]. Les champs s'étirent[5] à flanc de coteau des hérons blancs explorent les rizières et dans la plaine les cactus s'enivrent[6] des rayons du soleil. De temps à autre, des femmes, assises sur des ânes, débouchent d'un chemin, fumant la pipe. Elles font parfois un long trajet pour aller vendre à la ville leurs fruits et légumes. Dans les hauteurs, les hommes à cheval sans étriers, coiffés de larges chapeaux, vaquent[7] aux travaux des champs bien entretenus. C'est certainement cette terre sollicitée à l'extrême par les paysans haïtiens qui inspire la multitude de peintres brossant de couleurs explosives ou de tons pastels, des plantations imaginaires sur n'importe quel support. Nous traversons des rivières aux eaux limpides et les lavandières[8] nous saluent joyeusement. J'ai remarqué la propreté des petites villes aux maisons de bois peint de couleurs gaies. Partout, des enfants rieurs se précipitent dès que le bus s'arrête, ils aident les voyageurs à descendre leurs paquets et se bousculent pour voir le touriste que je suis. Enfin nous arrivons à Cap Haïtien.

Du siècle dernier il reste encore quelques maisons à balcons qui bordent les rues et leurs cours intérieurs sont toujours fleuries. C'est la ville la plus originale et la plus riche en souvenirs historiques. J'ai décidé d'y passer la nuit pour monter à la Citadelle au lever du jour, ce qui me laisse le temps de visiter les environs. Je me rends à Milot sur les ruines imposantes du château «Sans Souci» bâti par Henri Christophe. Ce natif de Saint-Christopher (Saint-Kitts aujourd'hui), s'établit à Cap Haïtien et reprit les armes contre les Français. Il fut nommé Général de la Libération. Pour devenir Président, il soumit le Nord d'Haïti et déclara l'indépendance.

Ensuite il se proclama roi. Pour assumer sa charge dignement, il lui fallait donc un palais qu'il conçut à l'image de celui de Potsdam, tout en enfilade[9] de pièces rehaussées[10] de tapisseries, de boiseries[11], de meubles précieux. En avance sur son temps, il dota son château de salles de bains et de climatisation[12] obtenue par les eaux fraîches d'un ruisseau dont le cours, détourné pour se répandre sous les dalles[13] de marbre, rejaillissant[14] ensuite dans les jardins. C'est dans ce palais maintenant dévasté, pillé[15] et secoué par un tremblement de terre, qu'évoluait l'extraordinaire aristocratie crée par celui qui avait la nostalgie des usages révolus.

Après un repos bien mérité, équipé pour plusieurs heures de marche, j'entreprends l'ascension au point du jour. La brume enveloppe la montagne. Il fait très bon et je paresse[16]. Mais je n'ai pas l'habitude de marcher et je trouve le chemin rude[17]. Je traverse plaines et bois. Plus le chemin monte, plus il est rocailleux[18], plus le soleil devient chaud et plus je regette de n'avoir pas accepté la mule si aimablement proposée. Le panorama est grandoise. A près de 1.000 mètres d'altitude, la Citadelle, énorme étrave[19] de pierre échouée sur la montagne, domine la plaine du Cap. La vue est extraordinaire et impressionnante du haut de l'éperon[20] Nord-Est. Intacte, la Citadelle n'est sûrement pas la huitième merveille du monde par sa beauté mais peut-être par la puissance émanant de ce bastion accroché au ciel.

Construction inutile, aucun ennemi n'ayant jamais eu l'intention d'envahir le royaume, sacrifices inutiles de milliers d'hommes morts à la tâche inhumaine de hisser[21] des tonnes de pierre et de bronze au faîte[22] de la montagne. Pourtant leurs efforts ne furent pas vains puisqu'ils permettent aujourd'hui aux touristes que nous sommes d'admirer ce beau paysage à travers leur talent et leur renoncement[23].

Adaptation d'un article d'Air France Caraïbes

VOCABULAIRE

1.	**avertisseur** *(m.)*	=	horn
2.	**dompteur** *(m.)*	=	personne qui dresse, *trainer*
3.	**torchis** *(m.)*	=	*mud bricks*
4.	**mortier** *(m.)*	=	*mortar*
5.	**s'étirer**	=	s'allonger
6.	**s'enivrer**	=	se rendre ivre
7.	**vaquer**	=	s'appliquer
8.	**lavandière** *(f.)*	=	femme qui lave les vêtements
9.	**en enfilade**	=	disposé ou situé les un après les autres
10.	**rehausser**	=	enrichir
11.	**boiseries** *(f.)*	=	*paneling*
12.	**climatisation** *(f.)*	=	*air conditioning*
13.	**dalle** *(f.)*	=	plaque de pierre
14.	**rejaillir**	=	jaillir de nouveau, *splash back*
15.	**piller**	=	voler
16.	**paresser**	=	faire le paresseux
17.	**rude**	=	qui cause de la fatigue
18.	**rocailleux**	=	plein de petits cailloux
19.	**étrave** *(f.)*	=	*prow, bow (of a ship)*
20.	**eperon** *(m.)*	=	*fortification in the shape of a spur*
21.	**hisser**	=	élever, faire monter
22.	**faîte** *(m.)*	=	partie la plus élevée
23.	**renoncement** *(m.)*	=	sacrifice

Gérard Chenet est né le 14 avril 1927 à Port-au-Prince. Il y fait toutes ses études. Il a fondé un journal, La Ruche, avec René Depestre et Jacques-Stephane Alexis, mais le journal fut interdit par le gouvernement haïtien. Chenet s'est exilé et vit actuellement à Dakar au Sénégal. La pièce «El Hadj Omar» et un recueil de poèmes, «Poèmes du village de Toubab Dyalaw», parlent de son pays adoptif.

EL HADJ OMAR:
CHRONIQUE DE LA GUERRE SAINTE

Gérard Chenet

SCENE 2

> Le soleil se lève sur Dinguiraye, un jour de marché. Le chœur des griots[1] entre en chantant un hymne à El Hadj Omar. Salif, le premier griot, déclame sur ce fond vocal.

LE GRIOT.

> Ainsi ont répondu à l'appel du Cheik
> les hommes qui ont renoncé à père et mère
> camarades d'âge et terre natale
> Le Cheik a prêché jour et nuit
> au point qu'il a ployé[2] pour eux
> ce monde comme un rouleau
> et l'autre monde devient leur but

(surviennent deux jeunes gens: arc[3] au poing et Coran sous le bras. Malgré leur différence d'allure, ils paraissent liés par l'amitié. Ils interrogent le griot, curieux d'apprendre le motif de l'affluence et du vacarme.)

LE GRIOT.

> Au couchant[4] des terres d'Afrique
> luit[5] une étoile du destin
> dans l'aube[6] naissante l'étoile unique
> défie[7] l'approche du matin.

LE GUERRIER. Eh! Griot, si j'ai bien déchiffré[8] ton énigme, il s'agit alors du Saint-Homme que nous cherchons?

LE DISCIPLE. Oui, indique-nous sa demeure car notre désir le plus cher doit combler le vœu[9] du Saint-Homme.

LE GRIOT. Il faudrait d'abord savoir quels desseins vous amènent. Etes-vous des voyageurs égarés[10] du matin? Cherchez-vous la bonne voie?

LE GUERRIER. Je ne vais pas par quatre chemins. Je ne sais que manier l'arc et viser[11] droit au but. Je demande à retourner ma lance dans le flanc de l'infidèle.

LE DISCIPLE. Moi, griot, j'ai rêvé d'être le messager de sa doctrine de paix.

LE GRIOT. Enfants généreux du Fouta[12]! Si vous voulez être à mon maître, n'en attendez pas des gâteries[13]. La Zaouia[14] est une école de sacrifice.

LE DISCIPLE. Pour parvenir jusqu'ici, j'ai dû renoncer à mes père et mère que j'aime par-dessus tout. Que ton maître m'ordonne d'aller au bout du monde! Je suis prêt.

LE GUERRIER. Moi, griot! Je suis orphelin[15], et seuls ma terre natale et mon pauvre frère comptaient pour moi. J'ai tout quitté. Le fer et le feu ne me feront pas reculer.

LE GRIOT. Hé! Croyez-vous que ce soit suffisant? Etre le talibé[16] du saint marabout[17] engage à plus que cela. Tenez! Vous laisseriez-vous tourner et retourner sur toutes les faces, comme un cadavre entre les mains du laveur de mort?

LE GUERRIER. Si ce n'est que cela! Il n'est point de danger que je ne braverai, point d'ennemis que je n'affronterai[18].

Extrait d'El Hadj Omar: chronique de la guerre sainte

VOCABULAIRE

1.	griot *(m.)*	=	*African musician (see Guinée, p. 71)*
2.	ployer	=	faire céder
3.	arc *(m.)*	=	*bow*
4.	couchant *(m.)*	=	moment où le soleil est près de disparaître
5.	luire	=	briller
6.	aube *(f.)*	=	première lumière du jour
7.	défier	=	braver
8.	déchiffrer	=	comprendre
9.	vœu *(m.)*	=	promesse faite à la divinité
10.	égaré	=	perdu
11.	viser	=	*aim*

12.	**Fouta**	=	région du Sénégal
13.	**gâterie** *(f.)*	=	indulgence excessive
14.	**Zaouia**	=	couvent musulman d'Afrique
15.	**orphelin** *(m.)*	=	enfant qui a perdu son père et sa mère
16.	**talibé** *(m.)*	=	*disciple*
17.	**marabout** *(m.)*	=	prêtre musulman
18.	**affronter**	=	attaquer

Exercices

1. Cherchez d'autres recettes et préparez une carte pour un restaurant antillais imaginaire.

2. Ecrivez un conte de Bouqui et Ti-Malice pour illustrer un des proverbes créoles.

3. Expliquez la phrase, «Grace à ces divinités, les Haïtiens comme les Européens des temps païens, vivent dans le merveilleux tour à tour aimable ou oppressant».

4. Connaissez-vous d'autres pratiques religieuses semblables au Vaudou?

5. Lisez «Le Monde ambigu des griots» (p. 71). Ensuite expliquez le rôle du griot.

LA MARTINIQUE

Population : 327.073
Superficie : 1.102 km^2
Capitale : Fort-de-France
Langues parlées : Français, créole

LA FEMME EST L'AVENIR DES D.O.M.[1]

Pondeuse d'esclaves naguère, encore doudou[2] accueillante, mais de toute
façon femme et noire, l'Antillaise porte le poids de tous les préjugés.

«La femme a toujours été l'élément stable de notre société et le demeure, tandis que l'homme est un inconstant, un minable!» Ce propos féministe n'a pas été tenu par une militante d'une association de femmes

22

mais, tout simplement, par un Antillais, guadeloupéen de surcroît[3], Mr. Fred Hermantin, bâtonnier à la cour d'appel[4] à Basse Terre. Dans son activité, il connaît bien tous les rouages[5] de la société antillaise et tous les maux qui affligent la femme antillaise. Car la doudou des brochures touristiques, à l'œil de velours ne ressemble en rien à celle qui, chaque jour, affronte les difficultés économiques et lutte pour élever ses enfants et se libérer de l'oppression masculine.

L'histoire de la femme antillaise commence lorsque son identité d'Africaine se meurt. Transportée des côtes de son Afrique natale aux rivages d'Amérique, dans les cales[6] des bateaux négriers, sa conscience et son corps subissent la même meurtrissure[7]: le viol[8]. Le maître esclavagiste ne voit en elle qu'un objet sexuel et une procréatrice chargée de produire de nouveaux esclaves. Le maître choisit aussi d'accoupler ses esclaves en fonction de leur force et de leur vitalité, et les sépare ensuite. L'homme-esclave devient un homme-étalon[9], un être qui doit s'abstenir de tout sentiment. Difficile pour la famille antillaise de se libérer de ce conditionnement cruel imposé par l'esclavage. En effet, aux Antilles, s'est développé un matriarcat[10] qui, toutefois, ne signifie pas que la femme a tout pouvoir sur l'homme. Ina Césaire, ethnologue, fille du poète martiniquais, précise qu'il s'agit, plus exactement, d'un «système matriarcal sous système patriarcal». Pour Claudie Beauvue-Gougeyrollas*, il s'agit d'un matriarcat de substitution, car la femme est contrainte de devenir le chef de famille. Cette situation ne doit pas être généralisée, mais ce mode de vie se trouve très répandu, autant à la ville qu'à la campagne.

Se Mettre en Ménage

La femme se retrouve donc seule à son foyer pour élever les enfants qu'elle a eus avec un ou plusieurs concubins[11], lesquels ne les reconnaissent pas forcément. Permissivité des mœurs? Ce n'est pas l'avis de Denise, jeune femme guadeloupéenne d'une vingtaine d'années, qui, très jeune, a souffert des incartades[12] de son père qui a, jusqu'à ce jour, refusé de lui donner son nom. La mère de Denise a eu huit enfants de cinq pères différents, sans être mariée. L'abandon de chaque concubin la laissait dans une situation toujours plus difficile.

Afin d'échapper à la misère qui la guettait[13], elle acceptait de se remettre en ménage avec un autre homme qui les mettrait, elle et ses enfants, soi-disant, à l'abri du besoin. Le père de Denise eut trois enfants avec cette femme. Sur les trois, seule Denise ne fut pas reconnue, pour une raison qu'elle ignore toujours. «Je me suis sentie doublement abandonnée. Cela ne m'incite guère à rechercher un compagnon et je préfère vivre seule.»

Il ne s'agit pas non plus de libération sexuelle, mais d'un véritable engrenage[14] économique et social, auquel la femme peut difficilement se

*Auteur d'un ouvrage sociologique intitulé «la Femme antillaise».

soustraire[15], sauf si elle a pris conscience très jeune de cet état de fait. L'adolescente, qui n'a pu continuer ses études, ne songe qu'à avoir un foyer avec des enfants et un mari. Si elle accepte le concubinage, c'est pour mieux se préparer au mariage, un mariage qui devient peu à peu mythique. Dès qu'elle devient enceinte[16], son compagnon refuse de prendre ses responsabilités et se défile[17]. Pour lui, la preuve de sa virilité est irréfutable; pour elle, il ne lui reste plus qu'à se débrouiller[18] pour survivre et élever son enfant[†].

Une Mentalite d'Assiste?

Peu instruite, elle ne peut qu'exercer des petits travaux peu rémunérés[19]: si elle n'est pas employée de maison, elle est agricultrice et vend elle-même les produits de son jardin sur le marché, domaine réservé des femmes, dont les hommes sont complètement absents. On la trouve aussi vendeuse ambulante. A Pointe-à-Pitre, sur trottoirs qui bordent les artères principales, elle s'improvise cordonnière, bimbelotière[20], fleuriste pour quelques bouquets d'anthurium...

[†]30% des Antillaises sont mères-celibataires.

Mme George Tarer, maire adjoint de Pointe-à-Pitre depuis 1959, présidente de l'Union des femmes guadeloupéennes, sage-femme[21] et mère de sept enfants, est confrontée chaque jour à la situation dramatique de ces femmes, nombreuses à attendre devant son bureau. «Elles se sentent responsables et sont prêtes à tout pour élever leurs enfants. Pendant l'esclavage, l'enfant appartenait à la mère et non à l'homme. Ces femmes ont une notion de leurs responsabilités qu l'on peut aisément qualifier d'historique.»

Afin de les aider sur le plan matériel, les caisses d'allocations familiales[22] leur versent des indemnités[23], à un taux[24] d'ailleurs bien inférieur à celui de la métropole, ce qui soulève de vives polémiques[25]. Dans les années soixante-dix, période de plein emploi, l'Etat français est accusé de mener une politique nataliste[26] dans les départements d'outre-mer.

On assiste, il est vrai, à une explosion démographique. La France a alors besoin de bras. Par le biais[27] du BUMIDOM[‡], les Antillais s'expatrient. Puis, la crise s'étant installée, les naissances diminuent.

Une anecdote sur ces allocations[§] montre bien l'état d'esprit qui anime la communauté antillaise. Deux femmes s'étaient brusquement fâchées. La première, qui savait que son ex-amie touchait l'allocation femme seule, mais recevait chaque nuit son mari, eut l'obligeance[28] de prévenir la caisse d'allocations familiales. Un contrôle fut effectué en pleine nuit et la supercherie[29] découverte. La coupable se vit supprimer son allocation et fut astreinte[30] à payer une amende.

Quant à la religion, elle pèse lourd sur la condition féminine. Le catholicisme a une forte emprise[31] sur la femme antillaise. Au moment des fêtes religieuses, les églises sont pleines à craquer... de femmes. Religion importée par les esclavagistes, elle s'est bien implantée aux Antilles. Les prêtres ont répandu l'idée que l'Eglise s'était toujours opposée à cette exploitation de l'homme par l'homme. Il semblerait toutefois que, pendant la période de l'esclavage, ils ne soient guère intervenus en faveur des esclaves. Le culte de la Vierge a beaucoup sensibilisé les Antillaises. A cette adoration s'ajoute l'image de la mère et de la fecondité, d'où la réticence[32] qu'elles manifestent à l'emploi de contraceptifs.

Le catholicisme ayant introduit la notion de péché, beaucoup d'Antillaises se trouvent rejetées par cette religion, en raison du concubinage et des enfants qu'elles ont eus hors du mariage.

[‡]Crée en 1963, le Bureau pour les migrations des départements d'outre-mer eut pour principale fonction de diminuer le chômage dans les DOM–TOM en drainant vers la métropole une main-d'œuvre non qualifiée. De mauvaise réputation, il a changé de nom et est devenu, en 1981, l'ANT: Agence nationale pour l'insertion et la promotion des travailleurs d'outre-mer.

[§]Si la mère célibataire peut prouver qu'elle est seule pour élever ses enfants, elle percevra [**percevoir** = recevoir—ed.] l'allocation orphelin ainsi que les allocations familiales. Si ses revenus sont insuffisants, elle percevra le complément familial si l'enfant a moins de trois ans. L'ensemble de ces allocations est connu sous l'appellation: allocation femme seule.

Une Battante

Mais elles n'en gardent pas moins la foi. Alors, elles se tournent vers les sectes qui fleurissent un peu partout aux Antilles, témoignant ainsi du désarroi[33] spirituel qui s'est emparé d'elles. Claudie Beauvue-Fougeyrollas précise que «depuis les années soixante, diverses communautés—Témoins de Jéhovah, adventistes—, se sont implantées en Guadeloupe et en Martinique, avec l'aide matérielle des sièges situés le plus souvent aux Etats-Unis».

Mais, peu à peu, la femme antillaise prend conscience de tous ces problèmes. C'est une battante[34], comme la qualifie Ina Césaire. Elle lutte avec acharnement[35] afin que ses enfants s'instruisent. Les filles s'intéressent de plus près aux études et travaillent davantage que les garçons. D'après des sources, entre 1971 et 1976, en Gaudeloupe, deux tiers des filles arrivaient dans le secondaire[36] contre un tiers de garçons. Chaque année, le nombre de filles diplômées est plus élevé que celui des garçons.

«Nous retrouvons les femmes dans tous les créneaux[37] quand notre pays se développera», affirme Mme George Tarer. Elles choisissent d'exercer maintenant des métiers réservés autrefois à la gente masculine. Elles sont médecins, avocats, professeurs, etc. Elles pénètrent, par ailleurs, largement le monde culturel et artistique. Citons Euzhan Palcy, réalisatrice de «Rue Cases Nègres», Maryse Condé, romancière, dramaturge et critique. A la poursuite de leur identité, elles se préparent à un véritable retour aux sources, à un retour vers l'authenticité culturelle qui passe par l'africanité. Ce mouvement se traduit notamment dans la mode vestimentaire féminine qui s'est crée depuis quelques années à Paris. L'africanisation du style témoigne de l'engouement[38] des Antillaises pour leurs origines, et de leur désire de faire disparaître la déculturation[39] dont elles ont fait l'objet depuis l'esclavage.

Porteuses d'histoire, leur action et le rôle qu'elles auront à tenir à l'avenir seront déterminants pour la société antillaise. Pour Ina Césaire, «on assiste à l'émergence d'une nouvelle femme antillaise: elle est dynamique, c'est le moteur d'une prise de conscience culturelle qui peut déboucher sur une prise de conscience politique».

Adaptation d'un article de Différences

VOCABULAIRE

1. **D.O.M.** = Département d'Outre-Mer
2. **doudou** *(f.)* = chérie
3. **du surcroît** = de plus
4. **bâtonnier à la cour d'appel** = chef élu de l'ordre des avocats

5.	rouage *(m.)*	=	fonctionnement
6.	cale *(f.)*	=	intérieur d'un navire
7.	meurtrissure *(f.)*	=	blessure
8.	viol *(m.)*	=	*rape*
9.	étalon *(m.)*	=	cheval destiné à la reproduction, *stallion*
10.	matriarcat *(m.)*	=	*matriarchy*
11.	concubin *(m.)*	=	*male concubine*
12.	incartade *(f.)*	=	folie
13.	guetter	=	regarder de près
14.	engrenage *(m.)*	=	complication
15.	se soustraire	=	se dérober, échapper
16.	enceinte	=	attendant un enfant
17.	se défiler	=	s'en aller, s'enfuir
18.	se débrouiller	=	trouver un moyen
19.	rémunérer	=	payer
20.	bimbelotière	=	qui vend des petits objets
21.	sage-femme	=	*midwife*
22.	allocations familiales	=	somme payée aux familles par le gouvernement
23.	indemnité *(f.)*	=	somme payée
24.	taux	=	*rate*
25.	polémique *(f.)*	=	discussion
26.	nataliste *(m.)*	=	qui favorise la naissance
27.	biais *(m.)*	=	moyen
28.	obligeance *(f.)*	=	devoir
29.	supercherie *(f.)*	=	fraude
30.	être astreint à	=	s'obliger à
31.	emprise *(f.)*	=	influence
32.	réticence *(f.)*	=	hésitation
33.	désarroi *(m.)*	=	dèsordre, confusion
34.	battante *(f.)*	=	femme qui lutte
35.	acharnement *(m.)*	=	passion
36.	secondaire *(m.)*	=	classe du lycée
37.	créneau *(m.)*	=	ouverture
38.	engouement *(m.)*	=	admiration exagérée
39.	déculturation *(f.)*	=	négation de la culture

RECETTE: ACRAS DE MORUE

1er lot: 125 gr. de morue[1],

1 piment,

5 ciboulettes[2],

1 oignon,

2 gousses d'ail[2],

8 cives[2],

1 branche de thym,

2e lot: 250 gr. de farine,

100 gr. de beurre ou 2 verres de lait,

2 œufs,

sel, poivre.

Pour 6 personnes

Mélangez la morue, préalablement[3] dessalée[4] puis pilée[5] au mortier[6], avec tous les légumes ou herbes ci-dessus également bien hachés[7] très menu[8] sinon pilés; mettez de côté. Puis faites un pâte avec la farine, le beurre ou le lait; vous ajoutez le œufs battus, sel et poivre, et vous brassez[9] au fouet électrique; puis vous laissez reposer sous linge pendant 4h.

A ce moment, vous mélangez bien ces 2 préparations; la pâte doit en être molle, appréhendable[10] à la cuillére. Il ne vous reste plus qu'à en faire des beignets[11], par cuillerées à soupe, dans de l'huile très chaud.

Cela se sert avec l'apéritif, punch ou planteur[12]...

Recette traditionnelle

VOCABULAIRE

1.	**morue** *(f.)*	=	*cod*
2.	**ciboulette** *(f.)*	=	*green onion, scallion*
	ail *(m.)*	=	*garlic*
	cive *(f.)*	=	*chive*
3.	**préalablement**	=	qui doit être fait d'abord
4.	**dessalé**	=	rendu moins salé
5.	**pilé**	=	pulverisé
6.	**mortier** *(m.)*	=	*mortar*
7.	**haché**	=	coupé
8.	**menu**	=	petit
9.	**brasser**	=	mélanger

10. **apprehendable** = qui saisit
11. **beignet** *(m.)* = pâte frite
12. **planteur** *(m.)* = *planter's punch*

ADIEU FOULARDS, ADIEU MADRAS

Le cinéma des Caraïbes existe, nous l'avons recontré et il n'avait rien d'exotique.

Les films de qualité ne manquent pas aux Antilles françaises, comme dans l'ensemble des Caraïbes. Ils ne constituent pourtant que des aventures, extraordinaires certes, mais à portée limitée. Mises bout à bout[1], ces œuvres cinématographiques disent[2] malgré tout les Caraïbes. La recherche d'une identité s'accompagne d'un souci constant de réalisme social et d'une référence régulière à l'Afrique. L'image donnée des Caraïbes par ses propres cinéastes[3] commence par une réappropriation[4] du paysage rural, symbole de la naissance de ce nouvel univers né de la déportation de millions d'hommes. Avec ce retour vers les campagnes, s'affirment[5] des cinémas de «dénonciation» sociale.

Mais, parce qu'ils s'insèrent[6] dans des sociétés profondément marquées par l'irrationnel, ces films sont traversés par un symbolisme poétique, voire fantastique. La référence au thème du zombie et aux pratiques magiques, aux dieux africains, dans de nombreuses œuvres récentes produites dans les Antilles françaises, à Cuba et en Haïti, traduit bien ce

mouvement. On ne peut cependant pas encore parler, du point de vue de l'écriture, de cinéma régional.

On ne présente plus «Rue Cases Nègres», le film d'Euzhan Palcy, tiré d'un roman de Joseph Zobel et qui, à sa publication en 1950 (signe révélateur[7]), fut interdit de diffusion[8] aux Antilles. Ce qui est important dans «Rue Case Nègres», au-delà de l'histoire de José, c'est la filiation[9] très nette qui s'établit et se perpétue[10] avec l'Afrique. Le personnage du vieux Médouze est interprété, avec force, par Douta Seck, le très grand acteur sénégalais. Comme François Migeat dans «le Sang du flamboyant», mais avec plus de réussite, Euzhan Palcy n'a pas hésité à recourir à un acteur africain. C'est la voix puissante et grave de Médouze qui vient, à l'heure où le rêve se saisit de l'enfant, dire la mémoire de l'Afrique et de l'univers des esclaves révoltés. Médouze, c'est aussi la terre dans sa relation magique à l'homme; non pas la terre qui opprime[11] et qui brise[12] l'homme par la canne à sucre[13] qu'il faut couper, mais la terre caraïbe qui génère[14], source de savoir et de poésie.

«Rue Cases Nègres», c'est les racines antillaises dites à un enfant qui découvre une culture d'exportation. Au moment où le jeune José va quitter le village pour apprendre le français classique, une voix intérieure (venue des temps immémoriaux[15]), lui confie: «Que demeure en toi tout ce qui est ton île».

Les Guerriers Arawaks

«Bourg la Folie», de Benjamin-Jules Rosette, le dernier film produit à la Martinique, est, lui aussi, fait de ce retour au monde rural.

Adapté du roman de Roland Brival, «Martinique des Cendres», «Bourg la Folie» essaie de saisir encore plus nettement le mystère de la naissance des Caraïbes contemporaines. Le référence aux Indiens Arawaks, premiers habitants des îles, y est très explicite. Thomas l'Eugénie (la figure centrale du film) vit, à certains moments de son existence, la réincarnation d'un guerrier Arawak de retour sur les terres ancestrales pour réclamer son dû. Le film trace un trait d'union entre le particulier (le petit village antillais et ses habitants mi-pêcheurs, mi-coupeurs de canne) et l'universel (les Caraïbes et le tiers monde avec leur cortège de misère et de violence).

En utilisant le thème de la folie (mais n'est-ce pas là la désignation «officielle» de la possession?), la relation collective au conte, à la veillée funéraire[16] appelant au retour intellectuel vers les racines indiennes. Benjamin-Jules Rosette fait œuvre de cinéaste véritablement caraïbe.

Une Evolution Thématique

«Bourg la Folie», est un film clef pour le cinéma antillais. Moins abouti[17] du point de vue technique, moins grand public que «Rue Cases Nègres», il n'en est pas moins le premier film qui s'inscrit[18] directement dans une cinématographie régionale caraïbe. Parce qu'il sait se libérer du point de vue thématique de la morale (et des «bons sentiments») hollywoodienne, il peut contribuer efficacement à la naissance d'un cinéma antillais authentique. Avec «Rue Cases Nègres» et «Bourg la Folie», on peut effectivement dire aujourd'hui: «Adieu foulards, adieu madras[19]. Adieu l'exotisme facile!

Le cinéma antillais, comme le cinéma des Caraïbes en général, n'a pas atteint encore la dimension du cinéma cubain. Ce n'est pas une cinématographie qui s'appuie sur une politique définie, soit par un Etat, soit par une association de réalisateurs. Toutefois, on peut y décerner[20], d'une manière très précise, une évolution thématique vers l'univers caraïbe, par la volonté des auteurs.

Film après film, l'Edifice cinématographique antillais s'enchevêtre[21] et se développe. Son lien avec la littérature de la Martinique et de la Guadeloupe assure cette évolution. Si les problèmes économiques du cinéma des Antilles sont ceux du cinéma d'auteur en France, aggravés par la situation héritée de la période coloniale, la volonté des réalisateurs des îles parvient à s'exprimer petit à petit.

Adaptation d'un article de Différences

VOCABULAIRE

1.	**bout à bout**	= l'un ajouté à l'autre
2.	**dire**	= parler de
3.	**cinéaste** *(m., f.)*	= personne qui fait du cinéma
4.	**réappropriation** *(f.)*	= fait de retrouver
5.	**s'affirmer**	= se dire
6.	**s'insérer**	= introduire, faire entrer
7.	**révélateur**	= qui révèle
8.	**diffusion** *(f.)*	= distribution
9.	**filiation** *(f.)*	= attache
10.	**se perpétuer**	= continuer
11.	**opprimer**	= tyranniser
12.	**briser**	= casser
13.	**la canne à sucre**	= *sugar cane*
14.	**générer**	= produire
15.	**immémorial**	= ancien
16.	**la veillée funéraire**	= nuit avant les pompes funèbres; *wake*
17.	**aboutir**	= réussir

18.	s'inscrire	= faire partie
19.	**Adieu foulards, adieu madras**	= chanson populaire antillaise
20.	**décerner**	= trouver
21.	**s'enchevêtrer**	= s'unir

Joseph Zobel est né à Rivière Salée en 1915. Bien qu'issu d'une famille pauvre, il a pu faire ses études secondaires à Fort-de-France. Il n'a pas reçu de bourse pour étudier à Paris et donc devait gagner sa vie faisant des emplois divers. En 1957, il s'installa à Dakar où il vit pendant vingt-et-un ans, travaillant comme professeur. Depuis 1978, Zobel vit dans le Midi de la France.

RUE CASES NÈGRES

Joseph Zobel

Quand la journée avait été sans incident ni malheur, le soir arrivait, souriant de tendresse.

D'aussi loin que je voyais venir m'man Tine, ma grand-mère, au fond du large chemin qui convoyait[1] les nègres dans les champs de canne de la plantation et les ramenait, je me précipitais à sa rencontre, en imitant le vol du mansfenil[2], le galop des ânes, et avec des cris de joie, entraînant toute la bande de mes petits camarades qui attendaient comme moi le retour de leurs parents.

M'man Tine savait qu'étant venu au-devant d'elle, je m'étais bien conduit pendant son absence. Alors, du corsage de sa robe, elle retirait quelque friandise[3] qu'elle me donnait: une mangue, une goyave[4], des icaques[5], un morceau d'igname[6], reste de son déjeuner, enveloppé dans une feuille verte; ou, encore mieux que tout cela, un morceau de pain. M'man Tine me rapportait toujours quelque chose à manger. Ses compagnes de travail en faisaient souvent la remarque, et m'man Tine disait qu'elle ne pouvait porter quoi que ce soit à sa bouche qu'elle m'eût réservé une part.

Derrière nous apparaissaient d'autres groupes de travailleurs, et ceux de mes camarades qui y reconnaissaient leurs parents se précipitaient à leur rencontre, en redoublant de criallerie[7].

Tout en dévorant mon goûter, je laissais m'man Tine continuer sa conversation, et la suivais docilement.

—Mon Dieu, merci; j'en suis retournée! soupirait-elle, en posant le long manche de sa houe[8] contre la case.

Elle se déchargeait ensuite du petit panier rond en lattes[9] de bambou juché[10] sur sa tête et s'asseyait sur une sorte de pierre qui, devant la maison, tenait lieu de banc.

Enfin, ayant trouvé dans le repli de son corsage une boîte de fer-blanc[11] qui contenait une pipe de chaux, du gros tabac et une boîte d'allumettes, elle se mettait à fumer lentement, silencieusement.

Ma journée était aussi terminée. Les autres mamans et papas étaient aussi arrivés; mes petits camarades avaient rallié les cases. Finis les jeux.

Pour fumer, m'man Tine occupait presque toute la place qu'offrait la grosse pierre. Elle se tournait du côté où il y avait de belles couleurs dans le ciel, allongeait et croisait ses jambes terreuses, et semblait s'adonner toute à son plaisir de tirer sur sa pipe.

Je restais accroupi auprès d'elle, fixant dans la même direction qu'elle un arbre en fleurs—un macata[12] tout jaune ou un flamboyant sanguinolent[13]—les couleurs que faisait le ciel derrière les mornes[14] de l'autre côté de la plantation, et dont la lueur[15] se reflétait jusqu'au-dessous de nous. Ou bien, je la regardais—sournoisement[16] car elle me répétait souvent avec véhémence que les enfants ne devaient pas dévisager[17] les grandes personnes.

Je prenais alors un réel plaisir à suivre les courbes de son vieux chapeau de paille à la forme écrasée par son panier, au bord délavé[18] par les pluies, et rabattu[19] sur son visage à peine plus clair que la terre de la plantation.

Mais ce qui m'amusais le plus, c'était la robe. Tous les matins m'man Tine cousait là-dedans en maugréant[20] que les feuilles de canne, il n'y avait rien de tel pour manger les hardes[21] des pauvres nègres. Cette robe n'était rien de plus qu'une tunique sordide où toutes les couleurs s'étaient juxtaposées, multipliées, superposées, fondues. Cette robe qui, à l'origine, autant que je m'en souvienne, avait été une robe de simple cretonne[22] fleurie pour la communion, le premier dimanche de chaque mois, puis pour la messe, tous les dimanches, était devenue un tissu épais qui pourtant semblait être la tenue la mieux assortie aux mains en forme de racines, aux pieds gonflés et racornis[23] de cette vieille négresse, à la cabane[24] que nous habitions, et à l'habitation même où j'étais né et d'où, à l'âge de cinq ans, je n'étais jamais sorti.

Extrait de Rue cases nègres

VOCABULAIRE

1.	**convoyer**	=	mener
2.	**mansfenil** *(m.)*	=	oiseau
3.	**friandise** *(f.)*	=	sucrerie
4.	**goyave** *(f.)*	=	*guava*
5.	**icaque** *(f.)*	=	*coco-plum*
6.	**igname** *(f.)*	=	*Chinese yam*
7.	**criaillerie** *(f.)*	=	cris

8.	**houe** *(f.)*	=	*hoe*
9.	**en lattes**	=	morceaux de bois long, étroit et mince, *slats*
10.	**juché**	=	placé très haut
11.	**fer-blanc** *(m.)*	=	*tin*
12.	**macata** *(m.)*	=	arbre tropical
13.	**sanquinolent**	=	couleur de sang
14.	**morne** *(m.)*	=	colline
15.	**lueur** *(f.)*	=	lumière
16.	**sournoisement**	=	en cachette
17.	**dévisager**	=	regarder de près, *stare at*
18.	**délavé**	=	sans couleur
19.	**rabattre**	=	baisser
20.	**maugréant**	=	*fretting, complaining*
21.	**hardes** *(f.)*	=	vêtements
22.	**cretonne**	=	*cretonne*
23.	**racorni**	=	dur
24.	**cabane**	=	*hut, shack*

Aimé Césaire, un des caïds* du mouvement de Négritude, est né le 25 juin 1913 à Basse-Pointe, au nord de la Martinique. Après l'école primaire, il a continué ses études au Lycée Victor-Schoelcher à Fort-de-France. Il a reçu une bourse pour étudier en France. Là, il s'est inscrit au Lycée Louis-le-Grand, deux ans après Léopold Sédar Senghor. En 1934, il fonde «L'Etudiant Noir» avec Senghor, Damas et d'autres. En 1939, il échoue à l'agrégation et il rentre en Martinique. En 1945, il est élu maire de Fort-de-France et quelques mois plus tard, il devient député... Depuis il se partage entre la politique et la littérature. En 1985, Césaire était toujours député et maire de Fort-de-France. Il a publié sept recueils de poésie, des essais et quatre pièces.

LA TRAGÉDIE DU ROI CHRISTOPHE

Acte I, Scène III

Aimé Césaire

> *Le passage suivant est une discussion entre les membres de la cour de Christophe qui veut devenir roi.*

***caïd** *(m.)* = chef

(Au Palais)

LE MAITRE DE CÉRÉMONIES. Allons, Messieurs, allons! Excusez-moi de vous bousculer[1], mais le roi peut survenir à n'importe quel moment et il faut commencer la répétition. Je vais faire l'appel des noms et rappeler les principes généraux de la cérémonie. Une cérémonie importante. Capitale, Messieurs, sur laquelle les yeux du monde entier sont braqués[2].

(Contorsions simiesques et ironiques des courtisans)

PREMIER COURTISAN. Monsieur le duc!

DEUXIÈME COURTISAN. Monsieur le comte!

TROISIÈME COURTISAN. Oh! mon prince!

(Eclats de rire)

PREMIER COURTISAN. Quelle histoire! Ce roi, ce royaume, ce couronnement, on n'arrive pas à y croire!

DEUXIÈME COURTISAN. On n'y croit pas, mais on le sent. C'est harassant[3].

VASTEY. Ce roi noir, un conte bleu[4], n'est-ce pas? Ce royaume noir, cette cour, parfaite réplique[5] en noir de ce que la vieille Europe a fait de mieux en matière de cour!

MAGNY, *duc de Plaisance.* Mon cher Vastey, je suis un vieux soldat. J'ai commandé sous Toussaint et Dessalines et je vous dirai tout franc que je suis mal fait à ces manières courtisanesques[6] dont vous avez l'air de faire vos délices!

VASTEY *(très digne).* Mon cher collègue! Magny! Vous! Le duc de Plaisance! Tenir ce discours!

DEUXIÈME COURTISAN. Avec nos titres ronflants[7], duc de la Limonade, duc de la Marmelade, comte de Trou Bonbon[8], nous avons bonne mine! Vous pense! Les Français s'en tiennent les côtes[9]!

VASTEY *(ironique).* Homme de peu de foi! Allons! Le rire des Français ne me gêne pas! Marmelade, pourquoi pas? Pourquoi pas Limonade? Ce sont des noms à vous remplir la bouche! Gastronomiques à souhait! Après tout les Français ont bien le duc de Foix et le duc de Bouillon! Est-ce plus ragoûtant[10]? Il y a des précédents, vous voyez! Quant à vous Magny, parlons sérieusement. Avez-vous remarqué qui l'Europe nous a envoyé quand nous avons sollicité l'aide de l'Assistance technique internationale? Pas un ingénieur. Pas un soldat. Pas un professeur. Un maître de cérémonies! La forme, c'est ça, mon cher, la civilisation! la mise en forme de l'homme! Pensez-y, pensez-y! La forme, la matrice[11] d'où montent l'être, la substance, l'homme même. Enfin tout. Le vide, mais le vide prodigieux, générateur et plasmateur[12]...

MAGNY. Que signifie ce galimatias[13]?

VASTEY. Il y en a un qui le comprend d'instinct: c'est Christophe. Avec ses formidables mains de potier[14], pétrissant[15] l'argile haïtienne, lui du moins, je ne sais s'il sait, mais mieux, il sent, la flairant[16], la ligne qui serpente de l'avenir, la forme quoi! C'est quelque chose, croyez-moi dans un pays comme le nôtre!

Extrait de La Tragédie du Roi Christophe

VOCABULAIRE

1.	**bousculer**	=	pousser en tous sens
2.	**braquer**	=	fixer, diriger
3.	**harassant**	=	fatiguant
4.	**conte bleu**	=	conte de fée
5.	**réplique** *(f.)*	=	réponse
6.	**courtisanesque**	=	du mot courtisan
7.	**ronflant**	=	sonore
8.	**Trou Bonbon**	=	ville haïtienne (usage facétieux)
9.	**s'en tenir les côtes**	=	rire
10.	**ragoûtant**	=	*tempting, tasty*
11.	**matrice** *(f.)*	=	*matrix*
12.	**plasmateur** *(m.)*	=	générateur, qui maintient la vie
13.	**galimatias** *(m.)*	=	discours confus
14.	**potier** *(m.)*	=	qui fait des pots
15.	**pétrissant**	=	formant
16.	**flairer**	=	prévoir

Exercices

1. Comparez la vie des femmes des D.O.M. avec la vie des femmes aux États-Unis?

2. Aimez-vous les films étrangers? Pourquoi?

3. Utilisant le morceau de *Rue Cases Nègres* de Joseph Zobel comme modèle, décrivez votre grand-mère, votre grand-père ou une autre personne âgée.

4. Préparez et jouez une autre scène de *La Tragédie du Roi Christophe*.

BIBLIOGRAPHY

Alexis, Jacques-Stephen. *Compère général Soleil*. Paris: Editions Gallimard, 1982.
———. *Romancero aux étoiles*. Paris: Ferdinand Nathan, 1978.
Aquin, Hubert. *L'Antiphonaire*. Montréal: Cercle du Livre de France, 1969.
———. *Prochain épisode*. Montréal: Cercle du Livre de France, 1984.
———. *Trou de mémoire*. Montréal: Cercle du Livre de France, 1968.
Bâ, Amadou Hampaté. *Poésie Peul du Macina*. Dakar: Nouvelle Editions Africaines, 1984.
Bâ, Mariama. *Un chant écarlate*. Dakar: Nouvelle Editions Africaines, 1982.
———. *Une si longue lettre*. Dakar: Nouvelle Editions Africaines, 1980.
Bebey, Francis. *Le Fils d'Agatha Moudio*. Cameroun: Editions Clé, 1979.
———. *La Poupée ashanti*. Cameroun: Editions Clé, 1973.
———. *Trois petits cireurs*. Cameroun: Editions Clé, 1972.
Biyidi-Awala, Alexandre [Mongo Beti]. *Ville Cruelle*. Paris: Présence Africaine, 1971.
———. *Le Pauvre Christ de Bomba*. Paris: Présence Africaine, 1976.
———. *Le Roi miraculé*. Paris: Editions Buchet-Chastel, 1974.
———. *Ville Cruelle*. Paris: Présence Africaine, 1971.
Bessette, Gérard. *La Bagarre*. Montréal: Cercle du Livre de France, 1958.
———. *L'Incubation*. Montréal: Librairie Deom, 1968.
———. *Le Libraire*. Montréal: Cercle du Livre de France, 1960.
Brault, Jacques, et Benoît Lacroix. eds. *Oeuvres de Saint-Denys Garneau*. Montréal: Presses de l' Université de Montréal, 1971.
Brel, Jacques. *Oeuvre intégrale*. Paris: Laffont, 1982.
Césaire, Aimé. *Les Armes miraculeuses*. Paris: Editions Gallimard, 1970.
———. *Cadastre*. Paris: Editions du Seuil, 1961.
———. *Cahier d'un retour au pays natal*. Paris: Présence Africaine, 1971.
———. Discours sur le colonialisme. Paris: Présence Africaine, 1970.
———. *La Tragédie du Roi Christophe*. Paris: Présence Africaine, 1970.
———. *Une Saison au Congo*. Paris: Editions du Seuil, 1966.
Charbonneau, Robert. *Ils posséderont la terre*. Montréal: Editions Fides, 1970.
Chenet, Gérard. *El Hadj Omar, chronique de la guerre sainte*. Paris: P. J. Oswald, 1968.
———. *Poèmes du village de Toubab Dyalaw*. Dakar: Nouvelle Editions Africaines, 1974.

Clouzet, Jean. *Jacques Brel—Poésie et chansons*. Paris: Les Editions Seghers, 1981.

Condé, Maryse. *Dieu nous l'a donné*. Paris: P. J. Oswald, 1972.

———. *Heremakhonon*. Paris: U. G. E., 1976.

———. *La Mort d'Oluwémi d'Ajumako*. Paris: Editions l'Harmattan, 1974.

———. *La Parole des femmes*. Paris: Editions l'Harmattan, 1979.

———. *Pays mêlé*. Paris: Hatier, 1985.

———. *Ségou*. Paris: Laffont, 1984.

Dadié, Bernard Binlin. *Beatrice au Congo*. Paris: Présence Africaine, 1970.

———. *Monsieur Thôgô-Gnini*. Paris: Présence Africaine, 1970.

———. *Le Pagne noir*. Paris: Présence Africaine, 1970.

———. *Patron de New York*. Paris: Présence Africaine, 1964.

Damas, Léon-Gontran. *Black-Label*. Paris: Editions Gallimard, 1956.

———. *Névralgies*. Paris: Présence Africaine, 1965.

———. *Pigments*. Paris: Présence Africaine, 1966.

———. *Veillées noires*. Québec: Editions Leméac, 1973.

Depestre, René. *Alléluia pour une femme jardin*. Paris: Editions Gallimard, 1981.

———. *Un arc-en-ciel pour l'occident chrétien*. Paris: Présence Africaine, 1967.

———. *En état de poésie*. Paris: Messidor-Temps Actuels, 1980.

———. *Minerai noir*. Paris: Présence Africaine, 1956.

Diop, Birago. *Les Contes D'Amadou Koumba*. Paris: Présence Africaine, 1969.

———. *Contes et lavanes*. Paris: Présence Africaine, 1973.

———. *Leurres et Lueurs*. Paris: Présence Africaine, 1961.

———. *Les Nouveaux Contes d'Amadou Koumba*. Paris: Présence Africaine, 1967.

———. *L'os de Mor Lam*. Dakar: Nouvelle Editions Africaines, 1976.

Diop, David. *Coups de Pilon*. Paris: Présence Africaine, 1973.

Ducharme, Réjean. *L'Avalée des avalés*. Paris: Editions Gallimard, 1982.

———. *La Fille de Christophe Colomb*. Paris: Editions Gallimard, 1969.

———. *Le Nez qui vogue*. Paris: Editions Gallimard, 1967.

———. *L'Océantume*. Paris: Editions Gallimard, 1968.

Fanon, Frantz. *Les Damnés de la terre*. Paris: Editions la Découverte, 1984.

Glissant, Edouard. *Le Lézarde*. Paris: Editions du Seuil, 1984.

———. *Monsieur Toussaint*. Paris: Editions du Seuil, 1986.

———. *Le Quatrième Siècle*. Paris: Editions du Seuil, 1964.

Godbout, Jacques. *L'Aquarium*. Paris: Editions du Seuil, 1962.

———. *D'Amour P. Q.* Québec: Editions Hurtubise HMH, 1972.

———. *Le Couteau sur la table?* Paris: Editions du Seuil, 1965.

———. *Salut Galarneau!* Paris: Editions du Seuil, 1980.

Guèvremont, Germaine. *Marie-Didace*. Montréal: Editions Fides, 1974.

———. *Le Survenant*. Montréal: Editions Fides, 1974.

Hémon, Louis. *Maria Chapdelaine*. Montréal: Boréal-Express, 1983.

Ka, Abdou Anta. *Mal*. Dakar: Nouvelle Editions Africaines, 1975.

————. *Théâtre*. Paris: Présence Africaine, 1972.

Kane, Cheikh Hamidou. *L'Aventure ambiguë*. Paris: U. G. E., 1971.

Laberge, Albert. *La Scouine*. Montréal: Editions de l'Actuelle, 1972.

Laye, Camara. *L'Enfant noir*. Paris: Librairie Plon, 1953.

————. *Dramouss*. Paris: Presses-Pocket, 1974.

————. *Le Regard du Roi*. Paris: Presses-Pocket, 1975.

Lemelin, Roger. *Au pied de la pente douce*. Montréal: Presse, 1975.

————. *Pierre le Magnifique*. Montréal: Presse, 1973.

————. *Les Plouffe*. Montréal: Presse, 1973.

Maran, René. *Batouala*. Paris: Albin Michel, 1938.

Ndao, Cheikh Aliou. *Buur Tillen, roi de la médina*. Paris: Présence Africaine, 1972.

————. *Excellence, vos épouses!* Dakar: Nouvelle Editions Africaines, 1984.

————. *L'Exil d'Albouri; La Décision*. Dakar: Nouvelle Editions Africaines, 1975.

————. *Le Marabout de la sécheresse*. Dakar: Nouvelle Editions Africaines, 1979.

————. *Mogariennes*. Paris: Présence Africaine, 1970.

Ousmane, Sembène. *Les Bouts de bois de Dieu*. Paris: Presses-Pocket, 1971.

————. *Le Docker noir*. Paris: Présence Africaine, 1981.

————. *O pays mon beau peuple*. Paris: Presses-Pocket, 1975.

————. *Voltaique*. Paris: Présence Africaine, 1971.

————. *Xala*. Paris: Présence Africaine, 1974.

Oyono, Ferdinand. *Chemin d'Europe*. Paris: U. G. E., 1973.

————. *Une vie de boy*. Paris: Presses-Pocket, 1970.

————. *Le Vieux Nègre et la médaille*. Paris: U. G. E., 1972.

Oyono-Mbia, Guillaume. *Chroniques de Mvoutessi*. Cameroun: Editions Clé, 1979.

————. *Jusqu'à nouvel avis*. Cameroun: Editions Clé, 1978.

————. *Notre fille ne se mariera pas!* Paris: ORTF-DAEC. 1973.

————. *Trois prétendants. . . un mari*. Cameroun: Editions Clé, 1978.

Ouologem, Yambo. *Le Devoir de la violence*. Paris: Editions du Seuil, 1968.

————. *Lettre à la France nègre*. Paris: E. Nalis, 1969.

Ringuet, [Panneton Philippe]. *Trente arpents*. Montréal: Editions Fides, 1973.

Roumain, Jacques. *Bois-d'ebène*. Port-au-Prince: Imp. Henri Deschamps, 1945.

————. *Gouverneurs de la rosée*. Paris: Messidor-Temps Actueles, 1982.

————. *La Montagne ensorcelée; Griefs de l'homme noir; La Proie de l'ombre; Poèmes*. Paris: Messidor, 1987.

Roy, Gabrielle. *Alexandre Chenevert*. Paris: Librarie Ernest Flammarion, 1964.

————. *Bonheur d'occasion*. Paris: Librarie Ernest Flammarion, 1965.

————. *La Montagne secrète*. Paris: Librarie Ernest Flammarion, 1962.

————. *La Petite Poule d'eau*. Paris: Librarie Ernest Flammarion, 1951.

————. *Rue Deschambault*. Paris: Librarie Ernest Flammarion, 1955.

Schwarz-Bart, Simone. *Pluie et vent sur Telumée Miracle*. Paris: Editions du Seuil, 1980.

————. *Ti-Jean l'horizon*. Paris: Editions du Seuil, 1981.

Senghor, Léopold Sédar. *Liberté I: Négritude et Humanisme*. Paris: Editions du Seuil, 1964.

————. *Poèmes*. Paris: Editions du Seuil, 1964.

Sow-Fall, Aminata. *L'Appel des Arènes*. Dakar: Nouvelle Editions Africaines, 1982.

————. *Ex-Père de la nation*. Paris: Editions l'Harmattan, 1987.

————. *La Grève des Bàttù*. Dakar: Nouvelle Editions Africaines, 1979.

————. *Le Revenant*. Dakar: Nouvelle Editions Africaines, 1976.

Thériault, Yves. *Contes pour un homme seul*. Québec: Editions Hurtubise HMH, 1969.

————. *Le Dernier Havre*. Montréal: Editions de l'Actuelle, 1970.

————. *Le Dompteur d'ours*. Montréal: Editions de l'Actuelle, 1971.

————. *La Fille laide*. Montréal: Editions de l'Actuelle, 1962.

Todd, Olivier. *Jacques Brel: Une Vie*. Paris: LGF, 1986.

Tougas, Gérard. *La Littérature Canadienne-Française*. Paris: P.U.F., 1974.

U Tam'si, Tchicaya. *L'arc musical*. Paris: P. J. Oswald, Honfleur, 1970.

————. *Les Cancrelats*. Paris: Albin Michel, 1980.

————. *Epitomé*. Tunis: Société Nationale d'Edition et de Diffusions, 1962.

————. *Les Méduses ou les orties de mer*. Paris: Albin Michel, 1982.

————. *Les Phalènes*. Paris: Albin Michel, 1984.

Yacine, Kateb. *Nedjma*. Paris: Editions du Seuil, 1981.

Zobel, Joseph. *Diab'là*. Paris: Nouvelles Editions Latines, 1947.

————. *Et si la mer n'était pas bleue*. Paris: Editions Caribéennes, 1982.

————. *Quand la neige aura fondu*. Paris: Editions Caribéennes, 1979.

————. *La Rue Cases-Nègres*. Paris: Présence Africaine, 1984.

————. *Le Soleil partagé*. Paris: Présence Africaine, 1973.

Copyrights and Acknowledgments

The authors wish to thank the following for permission to adapt and reprint copyrighted material:

AATF National Bulletin, Cincinnati, for «Français de France et français du Québec: quelques différences» by Marie-Christine Weidmann Koop, 1986.

L'Actualité, Montréal, for «L'ange gardien de la nature» © 1986 and «L'homme du troisième enfant» © 1984.

Afrique Elite, Paris, for «Djo Balard» by Hélène Lee, 1986 and «Françoise Foning» by Diane Kountona, 1986.

Air France Caraïbes, Paris, for «Excursion à la Citadelle» © 1986 and «Sous la plume de Sinnamary» © 1986.

Balafon, Paris, for «Air Afrique», «Les amazones, une armée de femmes dans l'afrique précoloniale» by Hélène d'Almeida-Tapor, «Collectionnez les peignes» © 1983, «Le monde ambigu des griots» by Francis Bebey, © 1987, and «Piloter, un rêve d'enfant voltaïque» by François Hauter.

Myrna Delson-Karan for «La littérature québécoise».

Différences, Paris, for «Adieu foulards, adieu madras» and «La femme est l'avenir des D.O.M.».

L'école des loisirs, Paris, for «Le vaudou ou les faust de la savane» from *Haïti, République Caraïbe* by Pierre Pluchon.

Editions Bourg-Bourges and Jul Christophory, Luxembourg, for extracts from *Luxembourgeois par eux-mêmes*.

Editions Clé, Cameroun, for «Notre fille ne se mariera pas» by Guillaume Oyono-Mbia.

Editions Hachette, Paris, for «Les cinq ânes de Djeha» and «Le clou de Djeha» "extrait de Paul Tauvel: *Contes et Histoire du Maghreb collection Texte en Français Super-Facile*, Hachette, Editeur,'' and for the extracts from *Guide Bleu—Antilles, Guyane, Haïti*.

Les Editions du Jaguar/J. A., Paris, for the extracts from the guides *Le Mali Aujourd'hui* © 1985 and *Le Maroc Aujourd'hui* by Jean Hureau, © 1985.

Editions du Seuil, Paris, for «Nedjma» by Kateb Yacine.

L'Express, Paris, for «Ma Guadeloupe» by Daniel Radford, 1983 and «Hommage à Jacques Brel» © 1987.

Avec l'aimable autorisation du journal *Le Figaro*, Paris, for «Une frontière longue». Copyright *Le Figaro* 1988.

Fonds Gabrielle Roy, Montréal, for the extract from *Rue Deschambault* by Gabrielle Roy, 1955.

France-Amerique, New York, for «Québec, terre d'immigration» © 1986.

Photo Credits

Page 3: The Bettmann Archive; 4: © M. B. Duda/Photo Researchers; 5: © M. B. Duda/Photo Researchers; 6: © Andanson/Sygma; 13: (top) © Owen Franken/Stock, Boston; (bottom) © John Elk III/Stock, Boston; 23: © Alain Dejean/Sygma; 26: Peter Paz; 27: © Eric Carle/Stock, Boston; 31: © Cary Wolinsky/Stock, Boston; 37: The Bettmann Archive; 48: Moroccan National Tourist Office; 53: © Paul Slaughter/Image Bank; 56: Hoa-Qui; 57: Hoa-Qui; 61: © Rafi/Hoa-Qui; 62: © Rafi/Hoa-Qui; 67: © Alex Webb/Magnum Photos; 69: © Giansanti/Sygma; 81: © Arthur Tress/Magnum Photos; 85: © P. Leger/Hoa-Qui; 91: © E. Gurlitt/Image Bank; 97: © Salgado/Magnum Photos; 114: © Mike Mazzaschi/Stock, Boston; 119: Quebec Government House, New York; 122: Stock, Boston; 132: National Film Board of Canada; 142: © Joy Spurr/Bruce Coleman Inc.; 145: © Ronny Jacques/Photo Researchers; 148: © Lisl Dennis/Image Bank; 152: © Carl Frank/Photo Researchers; 153: © Tim Holt/Photo Researchers; 160: © Odette Mennesson-Rigaud/Photo Researchers; 161: © Odette Mennesson-Rigaud/Photo Researchers; 166: © Spencer Jones/Bruce Coleman Inc.; 171: © Bois-Prevost/VIVA/Woodfin Camp & Assoc.; 173: © Jack Fields/Photo Researchers; 178: Différences

A 8
B 9
C 0
D 1
E 2
F 3
G 4
H 5
I 6
J 7